文芸社セレクション

わが子を私立中学校に合格させる10の法則

受験進学塾の現役教師が書いた合格術

神宮寺　一礼

JINGUJI Kazunori

文芸社

もくじ

わが家に奇跡が起こった

1月26日、私立中学校の合格発表の日でした。合否結果の通知は郵便で送られてきます。その日は朝から落ち着かず、まだかまだかと首を長くし、まさに鶴首して待つとはこのことでした。待ちきれず何度もポストを覗きに行きました。11時10分、封筒が到着しました。この中に入っているのは合格通知なのか、それとも不合格通知なのか？　小学3年生から始めた受験学習の4年間にわたる努力の結果がこの中に入っています。ちなみに小学6年生で受けた娘の模試の偏差値は5月が41・1、6月は38・2、7月で45・3、10月が38・2でした。合格の目安となる偏差値は51。しかし娘の平均偏差値は40・7、マイナス10・3というありさま。さらに10月と11月に受験した志望校別模試では、2回とも合格可能率20％未満という散々な結果で終わっていました。入試が近づいてくるにつれ次第に言葉をなくしていく娘と妻に「偏差値が全てではない、努力が大切だ。この日のために考えに考えを重ねて全てをやり尽くした。努力は尊いものだ、夢は必ず叶う」と信じさせてきて、そして今自分にも言い聞かせて封筒を手にしました。

封筒の厚さは合格とも不合格とも分からない微妙な厚さでした。薄いからと言って不合格とは限りません。合格通知だけの場合もあります。ではこの厚さはどっちなのでしょう。なにしろ何事も初めての経験です。封筒にハサミを入れました。心拍数が上がり、動作一つ一つがスローモーションになっています。全神経を集中させていたためか無意識のうちに慎重になっていたのです。封筒の口は切りましたが、通知はまだ中にあります。封筒の口を広げて斜めから中を覗きました。まるでテストを返された時の生徒と同じような行動をしていました。

その瞬間、見えました。恐る恐る開けた封筒から合格の二文字が見えたのでした。隣にいた娘も見えたのでしょう。ほぼ同時に「あっ」と声を上げました。その後はよく覚えていませんが、私は何かを叫び、横にいた娘を抱きあげました。後ろにいた妻は言葉を探していましたが、思考が停止していたためかただ泣いていました。この瞬間、私たちは受験生の親から私立中学校生の親に変わったのです。

小学３年生から始めたわが家の私立中学校受験は、念願かなって希望の中学校に合格して終わりました。今こうして全身で安堵を味わいながらも、この瞬間を迎えるまでに乗り越えてきた多くの苦難を思い出します。わが家は私と妻と一人娘の３人の核家族、一般的なサラリーマン家庭です。医師でもなければ会社経営者でもない、ごくごく普通の会社員です。ただ一つ他の家庭と違うことといえば私が中学受験進学塾の教師ということです。

受験のきっかけ

私が進学塾の先生だということを知ると、人は「家で教えることができていいですね」と言います。しかしそれはとんでもない誤解です。この仕事は始業が昼ごろで、終業は深夜です。この仕事のいい点は朝夕の通勤ラッシュや交通渋滞とはあまり関係がないということです。学生時代からバイトで夜遅かった私にはピッタリの勤務形態だと思います。しかし家族を持ってみるとそうはいきません。仕事を終えて家に帰れば子供は当然寝ています。子供が朝早く学校に出かける時は、今度は私が寝ています。休みの日から次の休みの日まで動いている子供を見ることは決してありません。そんな生活の中でも子供とのコミュニケーションをとらなければならないですし、妻の不満のはけ口として話も聞いてあげなければなりません。娘の受験勉強と並行して家族の会話をいかに行うかも私の課題となりました。

私自身は公立出身で私立中学校のことなど進学塾に入社するまで見たこともない未知の世界でした。合格をめざしている生徒たちを教え導くには私立中学校のことを知らなければなりません。伝統や校風、６年間一貫教育、系列大学や他大学合格実績など、入試問題を解いて教え方を習得する以外にも多くのことを学びました。私立中学校説明会やオープンスクール、文化祭にも足を運んで実際にこの目で見たりもしました。入試当日の朝は、教えた受験生を応援するため早くから校門の前で待ち、今まさに真剣勝負に挑む教え子に最後の声援を送りました。緊張する受験生とその後ろに、祈るような思いで見守る保護者たち。真剣な、そして純粋な思いに接するたびに、私もいつかわが子を私立中学校に入学させたいと思うようになったのです。

今、合格を目指して受験勉強をしている生徒とその保護者、さらにこれから私立中学校の受験を考えようとしている方々へ本書が合格への道標となれば幸いと考えます。

法則1 『受験に向けての環境を整える』

何事も新たに始める時には準備が必要です。私立中学校受験の場合は子供に勉強をさせる環境を作る必要があります。何の理由もなしにただ「勉強しろ」と言っても納得しないでしょう。ましてや小学校の学習よりも難しい内容です。子供が勉強嫌いになっても困ります。受験生や保護者が私立中学校の受験を考えた理由の代表的なものは、(1)校風、(2)情操教育、(3)6年間一貫教育、(4)大学進学実績、(5)教育環境、などが挙げられます。

校風というのはその中学校の伝統や雰囲気というものです。自由な気風が自分の子供に合っているとか、中学校がこまめに面倒をみる校風とか、中学校ごとに特色があります。何よりいいのは自分の子供の性格や親の希望に合わせてこちらで能動的に中学校を選ぶことができる点です。学区の中学校の場合はその中学校に行かなければなりませんが、私立中学校は希望に合わせて能動的に中学校を選ぶことができるのです。

情操教育はその中学校が伝統的に行っている授業や部活を知ると分かりやすいでしょう。音楽では全員がバイオリンを弾いたりし、体育では毎年スキー教室に出かけて行ったりする学校もあれば、水泳でふんどし姿になって三重の海で遠泳をするのが伝統行事になっている学校もあります。部活ではクリスマスに野外音楽堂で合唱をしたり、ハンドベルの部があったりなど、その学校ならではの部活があります。ゴルフ部がある中学校、女子サッカー部がある中学校もあります。

６年間一貫教育の最大の長所は、高校受験がない事です。６年間かけて計画的に学習スケジュールを組むことができるのです。ほとんどの私立中学校では中２または中３の前期までに中学校で習う単元を終了し、高校単元に進みます。そして高校２年または３年前期までに高校で学習する単元を全て終了します。そして残りの期間で大学受験に向けて学習を行うのです。これも６年間一貫教育だからこそできるカリキュラムなのです。

また、保護者から見てわが子が、公立中学校で内申点つまり通知表でよい成績が取れないタイプと判断して、私立中学校受験を考えるケースが増えています。公立高校の受験システムでは内申点が得点化され、高校側に送られます。受験生は得点化された内申点を持ち点として当日の学力試験に臨むのです。そして学力試験の得点と内申点を合計して合否を決定するというものです。そしてその内申点の占める割合が45％を占めるのです。ですから難関有名高校では、内申点が一定点数以上ないと当日点が満点でも合格基準に届かないということが起こります。例えて言うと、フィギュアスケートのショートプログラムの点数が低かったらフリーの演技がどんなに良くても優勝できないのと同じです。また内申点というのは芸術点と同じで演技者がどんなにうまく演じたと思っても審査する側の評価が低かったら得点は伸びないのです。９科目の担任教師全員に最高のパフォーマンスを見せなければ高い内申点はつかないために、高校受験に臨む中学生は内申点のジレンマに悩むことが多いのです。私立中学校受験では小学校の成績は関係ありません。調査書に記載された小学校の成績は合否に影響しないし、そもそも調査書の提出を必要としない中学校も多いのです。当日の入試得点のみで合否が決定するというものです。どちらがいいとも悪いとも言えませんが、私立中学校入試は潔い入試ではあると思います。

大学合格実績に関して言えば、完全に私立に軍配が上がります。東大合格でいえば、上位を占めるのは圧倒的に私立です。（２０２１年上位10高等学校）

1. 開成高等学校（私立）１４４名
2. 灘高等学校（私立）97名
3. 筑波大学附属駒場高等学校（国立）89名
4. 麻布高等学校（私立）86名
5. 聖光学院高等学校（私立）79名
6. 西大和学園高等学校（私立）76名
7. 桜蔭高等学校（私立）71名
8. 渋谷教育学園幕張高等学校（私立）67名

9. 日比谷高等学校（公立）63名
10. 駒場東邦高等学校（私立）56名

その理由は前述のように6年間一貫教育にあります。ほぼ5年間で中・高の学習内容を終えて、残り1年間を大学受験のために勉強をすれば大学受験に強いのは当然です。また現役合格に強いのも私立の特徴です。現役で国公立大学や難関私大に合格させるのを特色にしているのです。

教育環境は今まで述べたことを総合したものでしょう。その他の細かい事では、私立はエアコン完備です。意外なことにこれに受験生は目を輝かせます。私立中学校では夏は涼しい教室で勉強できると話すと、とたんに反応がいいのです。公立の小学校ではまだまだエアコンのある学校は少ないので本当に毎年暑い思いをしてきたのでしょう。またプールも整っています。屋内の温水プールという女子校も多いです。雨の日でもぬれずに渡って行けて、ごみや木の葉、虫なども浮いてないプールで1年中泳げるのです。女の子の嬉しそうな表情と憧れの気持ちが教室中にあふれる瞬間です。あれこれ難しいことを言うより、これでやる気を起こさせたらいいのでは、とも思うのです。

これら私立中学校の良さを母親だけが理解していても、環境を十分に整えたことにはなりません。父親が反対していては私立中学校受験そのものが不可能でしょう。理想的なのは夫婦そろって同じレベルで受験を意識し共有することです。そうすれば片方が厳しくして、もう片方がフォローするという役割分担ができるからです。

法則2　『受験に必要なことは最初から始める』

合格を目指すなら受験勉強は最初から始めるべきです。小学3年生からスタートすると入試まで4年間あります。「これでは途中で息切れをして勢いが失速してしまうのではないか」と心配する人もいます。

私が35年間多くの生徒たちを見てきて経験したことは、同じくらいの学力の生徒が2人いて明暗がはっきり出るとしたら、長い間受験学習を続けてきた子の方が必ず合格する、ということです。

小学校で1、2位を争う男の子がいました。同じくらいの学力で志望校も同じ。A君は小学校4年生から学習を始め、B君は小学校6年生で入会しました。同じ受験パターンで入試に臨み、第1志望校に合格したのは小学校4年生からやっていたA君でした。

また愛知淑徳中学校を志望する女の子2人、C子さんとD子さんがいました。入会時期も小4で同じ、プレ中学入試の平均偏差値も48・3と48・2でほぼ同じ。受験パターンも同じで2校受けてから愛知淑徳中学校の入試に臨みましたが、結果C子さんが合格でD子さんは不合格でした。何が違ったかと言うと、C子さんは毎週のテストゼミを小5の最初から受けていたが、D子さんは小6の9月から受け始めたということだけでした。

このように同じような学力データが出ていても、目に見えない数値があります。それは経験値です。受験を早くから始めていれば繰り返し学習する回数も多くなります。テストを早くから受けていればそれだけ問題処理能力も高まります。難しい問題が解けた時や良い順位が出た時の嬉しさを多く経験し、問題ができなかった時や順位・クラスが下がった時の悔しさを何度も噛みしめた子の方が強くなるのは当然です。だからわが家は小学校3年生で娘を受験の進学塾に通わせるのに何の躊躇もありませんでした。

小3の春期講習

わが家は小3の最初から通わせる気持ちで満々でした。小3から始めて4年間の塾通いは長すぎると思う人もいます。早くから始めて途中で息切れして失速するのではないかと心配するのです。保護者の心配はもっともですが、果たしてそれは子供の側から考えての判断だろうか？と思います。決められた期間をメリハリをもって過ごさせるのは保護者の責任だし特権でもあります。むしろサポートすべき保護者自身が途中で息切れして疲れてしまうことを心配しているのではないでしょうか。

話は少し遡り、わが家は娘をどこの幼稚園に通わせるかという話になった頃のことです。候補は自宅から歩いていける距離にある幼稚園と、スクールバスが自宅の近くまで来る幼稚園の2つに絞りました。しかし2年保育でいいと思っていた私たち夫婦はのんびり構えすぎていたのでした。来年のためにと思って下見に出かけた11月は、実は3年保育の募集が終わっていた時期だったのです。第1希望のスクールバスが回っている幼稚園に行って来年のために園の見学に来た旨を告げました。困ったというような表情をして応対に出た園の人には、「今は3年保育希望の人たちばかりで、欠員が出ないと2年保育は受け入れできない」と言われてしまいました。そこで初めて幼稚園入園の状況を知った私たち夫婦は焦りました。第2希望の自宅から歩いて行ける幼稚園に電話すると、「キャンセル待ちの人が多くいて、恐らく入園は無理でしょう」と言われてしまいました。このままでは幼稚園に通えなくなってしまいます。幼稚園に通わずに小学校に入学しても問題はないのでしょうが、集団生活に馴染むために幼稚園は通わせたいのです。幼児期に母子2人だけの生活では小学校に入学してから不安です。そう思うとますます焦りが募っていきました。

1週間後、もう一度第1希望の幼稚園に行ってみることにしました。入園できるという何の保証もありません。「行ってどうするの」と妻は言います。ただ私には何となく感じるものがあるというだけで、再び第1希望の幼稚園を訪れたのでした。到着してまた受付で見学したいと申し出ました。知っていることでしたが、ダメもとで

「来春から入園できないか」と尋ねてみました。案の定、欠員が出ないと無理だと返答されました。

その時です。後ろを通った年配の女性（後で園長だと知りました）が、「どうしたの」と声をかけてくれて事情を話すと、「今日入園キャンセルがあったのでは」と言って調べてくれるというのです。調べてもらっている間の数分間が、私たちには何時間にも感じられました。やっぱり無理だと言われるかもしれない。期待と不安が交錯する数分間でした。再び先ほどの年配の女性（園長先生）が現れました。「１名空きができたので入園を認めます」ということでした。天にも昇るとはこういう気持ちなのでしょう。幼稚園に通えないかもという焦燥感から一気に解放された瞬間でした。

その後はあまり覚えていませんが、その場で入園願書に住所・氏名などを記入し、その他の必要書類を受け取りました。幼稚園を出るまで年配の女性（園長先生）は終始ニコニコして娘を見ていてくれていました。ホッとしました。私たち夫婦の横で、娘は幼稚園にいたウサギが気になって仕方ない様子でした。「またウサギに会えるよ」と教えると、娘は無邪気に喜んでいたのを覚えています。

縁があるというのはこういうことを言うのでしょう。第１希望の幼稚園に無事、入園できたのは本当に幸運でした。しかしこれに懲りた私たち夫婦は、初めからスタートすることを肝に銘じ、自分勝手な判断をやめ、早めの事前調査を心がけることを誓ったのでした。

後から知ったことですが、第2希望の幼稚園は給食があるので多くの人が入園を希望するのだということでした。規模も環境も第1希望の幼稚園が優れていたのにどうしてそんなに希望者が多いのかというと、保護者が楽だから、ということも知りました。

通塾の準備

小学校3年生のうちは平日練成の教室がなかったので、春・夏・冬の講習だけの受講でした。自宅から一番近い教室に通いたかったのですがそれは無理でした。理由は、そこは私がいる教室だったからです。親子だということが知られたら指導しにくくて仕方ありません。そこでやむを得ず、電車で名古屋駅まで通うことにしました。他にも市バスで通うことができる教室もありましたが、保護者が授業前に送って行って、授業が終わるまでの2時間を過ごすことを考えると、名古屋駅の教室が時間つぶしに最適だと妻が決めたのです。

決まったらいろいろ準備をしなければなりません。筆記用具やノート、それらを入れるカバンなどを買い揃えるのです。服装も動きやすいものがいいのですが、それなりにおしゃれで気に入ったものが着たいようでした。娘の通塾服はすぐに決まりましたが、妻の服はなかなか決まりませんでした。

初めての通塾

春期講習の期間は１週間です。算数と国語を教える教師は私も知っている、安心して小学校３年生を預けられる教師でした。娘は初日から緊張することもなく授業を受けてきました。楽しかったというので安心しました。と同時に初めて塾に子供を預ける保護者の気持ちが分かりました。今まで分かっていたようで分かってなかった事がわが子の通塾で分かり始めたのです。これは貴重な経験だと改めて感じました。

必要な学習習慣

小学校３年生から４年生で身につけておくと小学校５年生からの学習をスムーズに

進めることができる学習習慣があります。それは、
◇60分間、他事をしないで学習に取り組むことができる。
◇漢字練習で同一の漢字を間違えないで繰り返し書くことができる。
◇「早く寝なさいと言われたので、宿題が出来なかった」などと宿題忘れを他人のせいにしない。
◇いつも友人同士ではなく、時には一人で行動することができる。

ということです。

漢字を一字一字丁寧に書くことができるようになるためには、漢字を書く練習以外に集中力が必要となります。その集中力は他教科の学習にも影響します。そのためにまず漢字練習が学習の基本となります。字は精神状態を表し、落ち着いた気分の時は字が丁寧になり、焦っていたり急いでいたりする時に字が乱雑になるのは集中力の不足している状態です。

ノートの字が丁寧になったり乱暴になったりする子供には、漢字練習の時間を決めて毎日ノートに書くことが効果的です。

入試は一人で問題に取り組む孤独な挑戦です。友人同士で問題を解くこともない

し、保護者がそばについて励ましてくれることもありません。あくまでも一人です。その時に普段から一人でも行動できる習慣がついてない子供は、入試が近づく重苦しい気持ちや、入試本番の緊張感の重圧に気持ちが乱れてしまうことが考えられます。一人で行動できる、他人のせいにしない、という姿勢は受験生に限らず、子供には必要なことです。

小3の夏期講習

どの学年にも同じことが言えますが、夏休みは学力をつける絶好の期間だと位置づけられています。小学校6年生では最後の夏休みなので、今までできなかった問題、心配な単元など弱点を補強し、受験学力を整えたいと全ての受験生とその保護者は考えています。小学校3年生も同じです。プチ受験生（受験予備学年）として今までに学習した（といってもわが娘は春休みだけだが）内容で気になるところを夏休み中にできるようにしたいと思っています。そこで算数の学習方法は次の通りです。

(1)テキストの大切なところ・ノートに書いたポイントや公式をみて、その日に学習したことを思い出し、重要なところや公式を覚える。

(2)授業で解いた問題をもう一度ノートに解きなおす。

(3)問題を解くために必要な式や筆算はすべてノートに残す。

(4)分からない問題はとばして先に進む。問題を読み終えてから2分経ってもやり方が思い浮かばないようであればとばせばよい。

(5)丸付けをした後、解説をよく読んで、間違えた問題はどこで間違えてしまったかを探し出したり、分からなかった問題はそのやり方を覚えたりする。解説を読んでも分からない問題は質問するマークを付けておく。

(6)間違えた問題や分からなかった問題は印をつけておいて、時間をおいてからやり直す。

また、国語の学習方法は次の通りです。

(1)小3までに習った漢字の習得

学校の漢字ドリルや教科書を使って練習をする。

一通り書いてみて、書けなかった漢字を見つけることが重要です。その漢字を繰り返し書いて必ず覚えさせるようにする。

(2)文章を読み慣れる

本を読む習慣を身につける。

本は自分で選んだものを読む。与えられた本を読むことは子供には苦痛であり、読書嫌いを助長しかねないので注意が必要です。

小３の時期は伝記がお勧めです。そして読む時は必ず音読をすることです。

(3)語彙力不足への対応

意味が分からない言葉を辞書で調べることを習慣づける。調べた言葉を会話の中で使うようにすると語彙力アップに繋がります。

(4)入試で求められる記述問題への対応

自分で思ったことや考えたことを書き表す。小３には日記を書かせることが最も効果的です。

(5)文章題で気をつける末尾表現

抜き出し↓文章からそのまま書き写す（、や。も忘れない）。

なぜですか↓〜だから。
どんな気持ち?↓〜気持ち。
どんなこと?↓〜こと。

わが娘はというと気楽な性格（だれに似たのやら）のため、夏休みも名古屋駅に行くの？　同じ先生に会えるの？　帰りに高島屋に寄るの？　と勉強とは別のことを楽しみにしているようでした。春休みと違って夏休みは暑さとの戦いでもあります。外は30度以上の暑さ、しかし室内に入れば涼しい教室。気温の差で体調不良にならないように気をつけることが重要です。

小3の冬期講習

冬期講習も名古屋駅の教室にしました。電車に乗ることも大切なことです。冬休みの学習のポイントは、重点単元を集中的に学習し反復の効果を測定することです。

算数のポイントは割算・計算の順序・単位・時間、国語のポイントは説明文と物語文です。これらの単元を繰り返し学習しました。後にテストで理解度をチェックします。80％以上できていれば順当に理解していると想定しました。時間帯は午後１時から2時45分。家に帰るのは４時少し前で、しばらく休憩して5時から7時を復習と宿題の時間に充てました。１科目1時間として復習に20分、解き方・考え方・覚えることをもう一度頭の中に入れます。宿題は40分、１問につき2分以上考えない。分からなければ答えを見てどうしてその答えになるか解説を読んで覚える。習った学習方法を地道に実行していきました。

１週間の最後に総仕上げテストがありました。手前味噌ですが、わが娘は小学校の勉強で困ったことはありません。当然テスト結果は期待します。結果は算数が80点で国語が60点でした。算数は目標に到達しましたが、国語が届きませんでした。漢字と言葉の決まりは全てできていました。文章問題であと４つできていれば目標クリアでした。空欄はありませんでした。抜き出しと記号問題で惜しいミスが２つずつあったので、ミスの原因を探り、次回は正解するように結びつけることにしました。

法則3『必要だと思うことは全てやる、休まない』

「最初から講座を全部受講すると子供が疲れてしまう。時間がなくなって学習が中途半端になってしまう。だから最初は様子を見ながら始めて、余裕が出てきたら途中から特訓講座やテストゼミなどを受けたほうがいい」という人がいます。なるほど、耳触りがよくて如何にも正論っぽい考えです。しかし、長い経験からみてこれは「子供の負担を増やすことになりかねない」と考えます。

今年1年間の学習量はこれだけ、通塾曜日は何日で、学習時間は何時から何時まで、受ける講座はこれとこれと最初に決めてしまうのがよいのです。その方がスケジュールが明確になり学習計画も立てやすいし、結果早く慣れるのです。

逆に考えてみましょう。いつ余裕が出るのでしょうか？　余裕が出たことは何で判断するのでしょうか？　余裕が出なかったら、ずっと特訓講座やテストゼミなどを受けずに無駄に時を過ごしてしまうのでしょうか？　それではせっかく身につく力もタイミングを失ってしまいます。その結果として子供の負担を増やしてしまうことになってしまうのです。

小４前の11チェック

小４になる前に子供の学習の様子とその成果について、次の11項目に当てはまることがあるかチェックするといいでしょう。

1. 算数でノートの答えしか書かない。
2. 間違えた式・答えを消す。
3. 間違えたら赤ペンで解説の式と答えを写して終わり。
4. 暗記の勉強をする時はながめるだけ。
5. 家に帰って学習を始める時はまず宿題をする。
6. 計算の式は作れるのに正解が出せない。
7. 解答の解説を読んでも意味が分からない。
8. 国語のテスト答案に赤ペンで漢字を直されている。
9. 自分の書いた字を読み違える、テストの時に正解を書いたのに×になっている。
10. 家庭学習が上手く進まない。時間が足りない。１問に何分も時間をかけてしまう。
11. 授業で扱った問題や間違えた問題がどれなのか、後で見ても分からない。

受験のための勉強は子供が保護者に見せるためのもの、あるいは怒られないための形づくりのものではありません。それをきちんと子供に覚えさせておかないと単なる時間の浪費で終わってしまい、長時間机に向かっているのに力がついていないという結果になりがちです。前述の11項目に該当するものがあればすぐに直していく必要があります。そのために気をつけることは次の通りです。

1. ノートはぜいたくに使うのが原則です。式や計算を書くことは自分がどのように答えを導いたか、その道筋を示すものです。解き方が正しかったかどうか、どの部分で間違えたかを認識することが実力アップのために必要です。答えだけ書いて答え合わせの時、見やすくすることはマイナスでしかないことをしっかり教えるべきです。

2. 間違えを書いたノートこそが実力を伸ばす宝庫です。自分の失敗に気づき、次回から修正することが実力を伸ばすことです。間違いを消すのは保護者または自分の目に入ることを嫌がるからでしょう。体裁を考えていては実力は伸びません。できた問題・できなかった問題を区別することが役に立つことを教え込むことが大切です。

3. 真面目に勉強したようにみえますが、保護者から怒られない効果、あるいは自己満足の効果でしかありません。勉強＝解説を写すことと思い込んだら力はつきません。間違いをしっかり自力で解きなおすことが真の勉強です。そして解説を読んでも分からない場合は質問をすることです。

4. 書いていかなければ覚えることはできません。五感をふんだんに使って覚えていくのが効果的です。目で覚え、耳で覚え、口で覚え、手で覚えということになります。その中で書くということが最も大切なので必ずさせることです。

5. 復習をせずにいきなり宿題を解いてもできません。そうすると、授業を全く理解していないのではと疑ってしまうので、必ず、学習の要点や授業内容のノートをもう一度よく読み、解き方を理解し、公式部分は最終的にはある程度覚えてから問題を解かせることが大切です。

6. 計算法が間違っているか、計算ミスをしているので、計算がしっかり書かれたノートを見直しさせて、どの部分が違うか探すことが大切です。

7. 学習の要点・例題をよく読んで、公式や解き方の意味を理解したのでしょうか。その上で解説を読まないと理解はできません。分からない時はまず学習の要点・例題に戻ることが基本動作です。

8. トメ・ハネ・ハライや人物名で×になっている場合は、正しい字を身につけさせることが大切です。さらに入試では1問どころか1字が合否を左右させることを強く理解することが重要です。

9. 0なのか6なのか、1なのか7なのか、アなのかマなのか採点する人がはっきり分かる字を書かなければなりません。丁寧でなくてもはっきり分かる字でよいのです。

10. 入試では時間が限られています。5分経っても解法の糸口が見えない場合は解説を読み、理解したらもう一度解き直しをすればよいのです。

11. 扱った問題、間違えた問題がどれか分かるようにさせることが重要です。ノートに日付やページ、問題番号がきちんと書かれているか確認することが大切です。

小4の平日練成

小4になると水曜日と金曜日が通塾日です。それと土曜日にも計算と記述の特別講座があるので、週3日の通塾となります。毎週のことだからあまり通塾の負担をかけたくないと考えます。そうすると名古屋駅の教室は選択肢から外れました。代わって浮上したのが市バスで15分の教室です。教室責任者も知っている者です。算数は以前一緒の教室でやっていた者で気心も知れています。教室の近くにはミスタードーナッツもあります。送っていって授業が終わるまでの間、待つこともできます。3月から通う教室は決まりました。次は平日練成教室のクラス編成です。小学校4年生からは2クラスに分かれます。上位クラスと中位クラスです。これは3年生のテスト結果で決まる、ということは、娘は中位クラススタートでしょう。

平日練成の学習で気をつけなければならないのは1週間の勉強の習慣づけです。春・夏・冬の講習は毎日授業があります。宿題も出るから必然的に学習をしなければなりません。小学校も休みだから講習に集中できます。しかし平日練成は小学校の生活があります。下校してから通塾です。塾の授業が終われば当然夜になっています。帰って食事をし、それから塾の復習・宿題に取り掛かります。小学校の宿題が出ていれば先にそれを済ませなければなりません。限られた時間で効率よく学習を進める1週間の学習の習慣づけを小学校4年生のうちにしっかりと身につけていくことが重要です。

家庭学習のポイントは次の通りです。

◇1週間の学習スケジュールを作り、決められた時間に学習する。
◇毎朝、漢字と計算の時間を確保する
◇復習と宿題は授業のあった日または翌日には終える。
◇塾からの配付物はその日のうちに保護者に渡す。
◇「勉強は意味のあるものです」という雰囲気作りをする。
◇「テストで点数を取るだけの勉強」に陥らないようにする。
◇成績の推移や学習については長い目で見守る。

異動と転校

３月に異動が発表されました。私は４年間勤めた教室を離れて新しい教室に移ることになりました。そして代わりに娘は私がいた教室に通うことができるようになりました。すぐに転校届を提出し、２週間教えてくれた教室の教師にお礼を言い、転校先（といっても私がいた教室ですが）の教師に転校の挨拶をして娘の受け入れをしてもらいました。

速読講座

メディアにも取り上げられている話題の速読を小４の３月から受講しました。早くて悪い事は何もありません。速読とは通常私たちが文章を読む時は１字１字を目で追い、声には出さなくても頭の中で音声化する音読を行っています。こんな時は主に「言語・論理力」をつかさどる左脳が働くと言われていますが、音読には限界があります。これに対して速読は文章全体を見るようにして瞬間的に視野に入れて同時に理解するという視読になります。速読では「イメージ・直感」をつかさどる右脳を使って文章をとらえるのですが、左脳は高速・大量処理にも向いているため、文章を速く読むことに対応していくことができるのです。

中学入試の国語の平均文字数は８０５７字。読書速度が速い受験生ほど処理能力が高く、試験時間を有効に使えます。例えば南山中学校女子部の入試問題で見てみると、入試時間は50分。文章問題の文字数は１４１８６字（２０２１年入試）。読書速度５００文字／分の場合、読む時間に29分かかり解く時間が21分しかありません。これが読書速度１５００文字／分の場合、読む時間が10分。解く時間に30分かけても10分見直しができるのです。

（読む時間は読み直しや答えの検索などを考慮し、文字数を2倍で計算する）

試験時間全体の約60％が思考＋解く＋記入に必要な時間とされていますので、このように読書速度を上げることで、ただ速く読めるだけでなく制限時間を味方にして入試を有利にすることが魅力的だと考えたのです。

計算・記述特訓講座

速読と同じように、土曜日の計算・記述特訓講座も受講することにしました。これは小４の１年間限りの講座です。近年の入試問題をみると、「スピード」と「記述力」を必要とする問題が出題されています。

計算は速く正確にこなす練習には最適の内容でした。易しい問題から難しい問題へ３段階でトレーニングし、毎週40問、年間では１３００問という量を算数の授業に合わせて演習します。小４のうちに計算の基礎を身につけておくためにも絶対必要なことです。

国語で次のような記述問題が出題されました。「あなたが経験したり見聞したりしたことで、自発性を発揮した、具体的な行動の例を60字以内でまとめなさい。」このような記述力＝作文力は教わらないとできないことです。手を動かし、いろいろな文を書いていく中で日本語の多彩な語彙や表現方法を身につけることができると考えて受講させたのです。

法則4　『必要だと思ったら全て参加する』

保護者と個別面談をしたり、電話をかけて家庭の様子を伺ったりする時に、保護者からの相談で最も多いことの一つに、「うちの子はやる気が出ない、見えない」というものがあります。そもそもやる気がある子とはどういう子なのでしょう。保護者が何も言わずとも自分から勉強を始める子でしょうか。それとも毎日志望校を目指して頑張ると口に出していう子でしょうか。そんな子は親の理想が創り上げた偶像です。だから最初からそんな子はいないと思うべきです。そこから考え方を改めないと親の理想ばかりが高くなり、子供がついてこれず、結局は親の不満ばかりが募る結果となると考えます。

しかし子供には何かに夢中になるという特技があります。好きなことは保護者が何も言わなくても自分からやり始め、しかも保護者が驚くような知識や技術を身につけることができます。先ほどの相談を受けた時、私は保護者に必ず、「学校説明会やオープンスクールに子供を連れていきましたか」と尋ねます。そうすると十中八九「連れていったことがない」と答えます。「だから子供はやる気が出ないのですよ」と、私ははっきりと保護者に話すことにしています。大人と違って子供は話を聞くだけではイメージが沸きません。自分で見たり体験したりしないと分からないのです。学校説明会やオープンスクールは子供のやる気を促す絶好の機会です。特に文化祭は最適でしょう。子供にとって楽しい催しものが目白押しで自分もこの中学校に入りたいと強く思うものです。例えば、憧れの中学校の先輩から「絶対に合格して来てね」とか言われたなら気持ちはもう入学式です。すっかりその中学校の生徒になっていることでしょう。それだけ学校説明会やオープンスクール、文化祭は貴重な時間です。もし塾の授業やテストとこれらのイベントが重なったら、私は必ず中学校のイベントに行きなさいと話します。授業やテストは後からでもフォローできますが、中学校のイベントはその場限りで代わりができません。絶対に参加するべきです。しかも毎年参加することも絶対です。大人は一回見たらそれで十分だと思ってしまいます。しかし子供はそうではないと思うべきです。1年たつと子供は成長します。年齢が一つ上がれば知識も増えて考え方や吸収力も高くなります。大人が変わり映えしないと思うことも子供は違った目で見ることでしょう。大人の勝手な判断で折角のチャンスをつぶすべきではないのです。ただし一つ覚えておかなければならないことがあります。こういったイベントに参加したらすぐにやる気になる、と思ってはいけないということです。1日や2日はやる気があるように見えますがその後は続きません。これも子供の特性です。それを覚えておかないと保護者は肩透かしを食らってしまいます。連れて行っても無駄だったと思ってしまうでしょう。全て参加することを保護者は心がけて実行することが、子供の合格を高めるコツです。保護者の姿勢を子供に見せるのです。塾の保護者会や個別面談も同様です。参加しなければどうして自分ばかりが勉強して保護者は何もしないのだろうと子供は思うことでしょう。

合格をして受験を終えた生徒たちに聞いたことがあります。「あの頃、やる気がなかったけど何があったのか」と問いかけると、「全然覚えてない」「別に理由はない」と答えていました。

「その後、回復して学習していたけど、どうやって持ち直したのか」と聞くと「別にない。何もしなかった」と答えていました。

子供はやる気になる時が来ます。いよいよスイッチが入る瞬間です。そんな時に生徒に聞いてみると「オープンスクールに行って楽しかったから」とか「文化祭で先輩に優しくされたから」という声が多いのです。忘れてしまったかと思う体験が浮かび上がってきたのです。やる気になる子供をつくるのは、全て参加する保護者の姿勢にかかっています。

合格実績報告会

大手の進学塾では合格実績報告会というものが行われます。妻はこの報告会に必ず出席していました。報告会に限らず毎月の保護者会や私立中学校の説明会・オープンスクールにも欠かさず出かけていました。これは夫ながら感心しました。夫が勤めている進学塾の報告会なら夫から伝えられて内容は知っていました。それにも拘らず妻は出席するのが当然の如く出かけて行ったのです。

初めての報告会に出席した時、妻は配付された資料に報告会で言われたことを詳細にメモして帰ってきました。教師に内容は知らされていますが、冒頭の挨拶や資料の行間にあるエピソードなど、当日出席した者しか知らないこともありました。それらのメモに感心しながら出席した妻を労いました。妻は夫が知らないことを聞いてきて優越感に浸っていました。そして次も必ず出席すると言っていました。

子供も大人も同じです。褒めれば次も頑張ります。教師としてこんな基本的なことも子供を持って再認識しました。

小4の春期講習

小学校4年生の春休みになりました。去年は名古屋駅まで電車通塾しましたが今年は市バスで10分と掛からない教室です。通塾の負担も軽減しました。小学校4年生の3週間目から転校して授業を受け始めたばかりでしたが、新しい教室にも慣れてきました。もっとも本人は小学校3年生から始めているという意識を持っており、周りの子のほうがやけになれなれしい転校生だと思っていたようです。娘は「算数が好きだ」と言っていて私は安心しました。文系科目が得意な親（私）は娘が理数系科目を苦手にするのではないかと心配していました。この頃の娘の将来の夢は算数の先生と言っており、一安心に思いました。春休みの算数の単元は小数・分数を重点に指導するので、さらに力を磨いてほしいと願っていました。

小4春期総仕上げテストと偏差値

初めて全体レベルのテストを受けました。娘は授業でやったことをちゃんと理解しているのか？　テストで自分の力を出すことができるのか？　受験を目指す生徒の中でどの位置にいるのか？　など、大変気になるテストです。そして初めて偏差値が出ます。偏差値とはある値がサンプルの中でどれくらいの位置にいるのかを表した指標です。学力偏差値は平均点を偏差値50とすることで条件の異なるデータを比較しやすくするものです。例えばあるテストで80点を取った場合、平均点が60点ならば良くできたテストといえますが、平均点が90点のテストだった場合、平均以下の下位層に含まれてしまいます。このように偏差値は個々の試験の難易度の違いに左右されずに、受験生の学力、学力進度、受験における合格可能性を判定するために利用されます。

理科が嫌い

娘は理科が嫌いです。理科全般というより生物が苦手、理由は虫が嫌いだからです。なぜ虫が嫌いかというと、母親が虫を嫌いだからです。ゴキブリはもちろん、小さな虫さえ怖がる。セミもダメ、クモが家の中にいようものなら大騒ぎです。母親がそうなら娘もそうなるのは当然です。それだけ母親の影響は大きいものです。自分は嫌いなのに娘には好きになれとは、それこそ本当に虫がよすぎるのです。

小4前期の授業

小学校4年生は受験学習の土台となる学年です。週3日の受験学習と家庭での復習・宿題を習慣化させることが重要です。では国語はどのように学習したらいいのでしょうか。

◇漢字の学習

①トメ・ハネなどに注意して漢字の練習をする。この時、同じ漢字を5回ずつ書くのではなく20個の漢字を1回ずつ書き、それを5回繰り返す。

②テキストを使って、一度テストをする。

③答え合わせをし、書けなかった漢字や間違えた漢字に印をつける。

④印をつけた漢字を覚えるまで書いて練習する。

◇言語事項の学習

①テキストの言語事項のまとめを読む。

②もう一度問題を解く。分からない問題は番号に印をつけてとばす。

③大問1問終えたら答え合わせをする。間違えた問題に印をつける。

④印をつけた問題を覚え直す。

◇文章問題の学習

①テキストの文章問題のまとめを読む。

②授業で行った文章問題を声に出して読み、もう一度解く。
・条件（抜き出しなさい、記号選びなさい、等）に線を引く。
・文章問題の話題は何かを考える↓文の最初にあることが多い。
・登場人物、時間、場所が分かる箇所に線を引く。
・指示語や接続後に注意する。
③大問1問を解き終えたら答え合わせをする。分からない問題や間違えた問題に印をつける。正解・不正解に拘らず、解説を全て読む。その後、もう一度間違えた問題を解く。抜き出し問題であれば、その前後の部分を読む。
④解説を読んでも分からなければ質問をする。

次に算数の勉強の仕方を挙げてみます。娘は算数が得意です。小学校の算数で困るということは全くありませんでした。ところが受験算数となると話は別です。

◇復習の仕方
①ノートを開いて、その日に学習した内容を思い出し、要点や公式を覚える。
②テキストを開いて、学習の要点を覚える。
③授業で学習した問題をもう一度解いてみる。

④テキストの同じような問題を解く。

・復習をしなかったり、いい加減に行っていては得点には結びつかない。しっかりと復習に取り組む習慣を身につけることが大切です。

◇宿題の仕方

①問題を解くための図・表・式・筆算などは全てノートに残す。答えだけではダメです。

②分からない問題はとばして先に進む。

③解答を見て丸付けをする。

④間違えた問題は解説を読んで考える。分からなければ質問する。その時にどこまで分かって、どこから分からないのか明確にしておく。具体的に質問することが算数の力になります。

⑤できた問題は○、間違えた問題や分からなかった問題は×の印をつけておき、×の問題は間をおいてもう一度解きなおす。

◇生活面での注意点

①一家の団欒の時間が子供の学習意欲を高めます。会話が成績やテスト結果ばかり

では学習意欲が低下するものです。
②褒めることで意欲が高まる。そして褒めることと叱ることのけじめをつける。
③新聞やニュースの話題を子供と共にする。
④読書の時間を確保する。決められた時間に読書をすることによって読書に親しむことができる。
⑤塾の仕度は子供自身で行う。
⑥受験生だからと言って特別扱いしない。家庭での手伝いなどは子供にさせる。
⑦友人と遊ぶ時間も確保して、勉強と遊びにメリハリをつける。

実力テスト

初めての実力テストを受験する日になりました。実力テストというのは小5までの生徒が受ける統一テストです。小3から小5までそれぞれの学年のテストを本科生の全員が一斉に受けるのです。小学校3年生の時に受けたテストは総仕上げテストであり、本科生もいれば講習生もいましたし、本科生も都合があって講習を受講していない生徒は総仕上げテストを受験していません。全在籍生が同じ条件で受ける初めてのテストなのです。偏差値63以上が南山中学校女子部、62以上が滝中学校の合格基準です。現時点でどのレベルにいるかどうかを知る物差しになります。

どの親も真剣です。そしてわが子がどの位置にいるのか現実を知らされるのです。

ここで誤っていけないことは、このテスト結果で短絡的に合否が決まるわけではないということです。小学校4年生の4月の1ヶ月だけの学習で、早くも合格が決定的になるわけではないですし、同じく不合格だと決めつけられるわけでもありません。マラソンに例えたなら、スタートして1キロメートル足らずの所でもう優勝だとか、もうだめだとかを言っているようなものなのです。先頭集団にいるのか、それとも中位の大人数に囲まれているのか、はたまた後方集団でついて行っているか、なのです。

肝心なことは、この時点でどの位置にいるのか、このまま同じペースで進んでいけばいいのか、それとも少しペースを上げるべきなのか、または走りながら体力をつけなければならないのかを知ることとです。この場合、体力をつけるというのは目標とする位置に追い付くにはどれだけの点数が必要か弾き出し、今の位置にいる原因を分析して、足りない点数分はいつ・何を・どうやって学習したらいいかを考えることです。それを、「点数が取れないから」と言ってあきらめたり、わが子の力を見限ったりするのは保護者のわがままです。「うちの子は頑張ろうという気がないのです」、と言っている保護者ほどあきらめが早いものです。

娘の実力テストの結果は、算数：48点（偏差値45・7）、国語：70点（55・7）、理科：37点（37・7）、社会：42点（55・5）、合計：197点（48・5）でした。理娘は小学校では勉強に苦労していません。平均点は超えるかと思っていましたが、上には上がいますし、理科が苦手なのが点数に表れてしまいました。その結果が偏差値48・5です。この数値がスタートと思い、これからどうやって伸ばしていくかが課題となりました。

私立中学校説明会

私立中学校は、毎年5月くらいから説明会を開催します。中学校を知ってもらうには絶好の機会です。説明会に多くの保護者や生徒を集め、募集につなげるのです。保護者の相談の一つに、「うちの子はやる気がなかなか起きないのです」、というものが多くあります。そんな時は家での様子を聞きながら、私は必ず「説明会に行きましたか」と尋ねます。するとそう言っている親ほど中学校説明会に出かけていません。理由を聞くと、「なかなか都合が合わなくて」と言いますが、本当は面倒くさいと思っているのではないでしょうか。面倒くさいが言い過ぎならば、説明会に参加してやる気につながるかどうか天秤にかけているのではないでしょうか。やる気になってくればいいが、そうでなければ出かけて行っても時間の無駄だと思うのでしょう。そういう保護者が増えています。結果がすぐ出ればやるが、出なければやるだけ損だというタイプなのでしょう。痩せるのであればダイエットするというのと同じです。それでは決してスマートにはなりません。子供は聞いただけでは具体化できないものです。実際に見て、体験して初めてやる気につながるのです。どんどん出かけて行って見せればいいでしょう。説明会に行く前にポイントを押さえた準備をすることで、得るものは大きく変わるものです。事前に心がけておくことは次の通りです。

1. 説明会の内容を確認する。
学校説明会といっても説明会の内容が保護者向け中心や、子供向けの体験授業や部活体験を含んだものなどさまざまです。特に子供の学年が低い場合、説明中心より体験ができる説明会の方が学校に興味が生まれやすいものです。体験には対象学年が決まっていたり予約が必要だったりする場合がありますので注意が必要です。

2. 学校の下調べ。

学校のＨＰなどで基本的な情報を集めておくことが重要です。そして調べたことと実際に訪れて感じたこととの違いを感じてみるという気持ちで参加すると、何かが見えてくるでしょう。

3. 疑問点をメモしておく。

下調べをするなかで疑問に思ったことをメモしておくこと。その疑問点を元に説明を聞き、疑問点を解消すること。個別相談を利用して解消させるくらいの積極性が必要です。

4. 数値だけで判断しない。

説明会では大学合格実績や入試難易度などさまざまな数値を目にすることになります。そういった数値は一つの指標にしかすぎず、学校の良しあしを判断することはできません。実際に目に触れて肌で感じることも重要です。

説明会当日の注意事項も挙げておきます。

1. 当日は家族だけで行動する。

説明会に複数の家族で一緒に行動することは勧めません。学校に対する考え方や学校に対して求めていることは各家庭によって異なるからです。学校選びをするときに他家族の意見を押し付けられるようなことは決してあってはならないのです。だから自分の家族だけで行動するべきです。

2. 学校全体の雰囲気を確認する。

子供に合っている学校かどうかを冷静に見極めることが重要です。学校は勉強の場だけでなく多感な6年間を過ごし成長する場であることを忘れてはなりません。子供がこの環境でどう成長していくかを想像しながら参加することが大切です。

更に説明会の後に注意することもあります。

1. 子供に感想を聞いてみる。

子供の感想をよく聞くことが大切です。子供は予想外な視点から学校を見ているものです。たとえそれが子供っぽい内容でも、まずは親の意見は言わずに子供の感想を聞くことに徹することが重要です。

2. 結論は急がない。

学校の評価が親と子供で意見が異なる場合は、急いで結論を出すのではなくその後の説明会に再度参加してよく話し合うことが重要です。学年が上がるにつれて志望校が変化するケースも多くありますし、小6でも心境が変化することもあります。

3. 毎年参加する。

私立中学校は成長するものです。生徒・保護者の希望や時代の変化に合わせて検討を重ね、常に改善がなされ、進化向上し続けるのです。だから学校説明会に1回参加しただけで十分ということはありません。低学年のうちから毎年参加することで、学校のより細かい部分や変化の様子が分かります。

4. 1校でも多くの学校に参加する。

選択肢を保護者が自ら狭めてしまうのは子供にはマイナスでしかありません。子供には私立中学校に触れる絶好の機会であり、多くの学校の説明会に参加することで学校同士の比較ができるものです。

説明会に足を運んで受験勉強のモチベーションが上がったという話をよく耳にします。しかしそれがわが子に100％当てはまるとは限らないことも想定しておくことが必要です。中学校の部活体験などに参加し、在校生から、「合格してこの学校に来てね」と優しく言われて、すっかりその気になって目を輝かせた感激も長くは続きません。長くて1日か2日ぐらいでしょう。それを知っておかないと保護者は肩透かしを食らってがっかりさせられます。しかし受験が迫ってきたころにがぜんやる気になった時に理由を聞くと、学校説明会に行ったことを思い出すといいます。大人が無駄だと思うようなことも、子供は経験をしておかないと決してやる気は出さないということを保護者は知っておくべきです。

小4の夏期講習

小学校4年生の6月～7月はあっという間に過ぎました。もうすぐ夏休みです。小学校3年生の夏期講習と異なるのは、学習を続けてきて講習に入るということです。前期に学習した単元のうち、比較的できているものからこの時期に復習を必要とするものまで事前にはっきりさせたうえで夏期講習に突入することが大切なのです。娘は算数では実力テストの偏差値が45↓47↓34と下がっていました。国語は平均偏差値が52で安定していました。社会も平均で54の偏差値があり、常に平均点を上回っていました。困ったのが理科です。偏差値30台が2度あり、平均も38という有様でした。夏期講習では算数と理科に重点を置いて学習することが決まりました。

小４の夏期講習の算数と理科のカリキュラムは次の通りです。

〈算数〉計算のきまり、小数のかけ算・わり算、分数、角度、面積、立方体と直方体、線分図を使った問題、時間の計算、日数の計算

〈理科〉生き物の1年、星の動き、水のすがた、乾電池と豆電球、

小４の夏期講習の時間帯は午後1時から4時です。教室に入る時は暑いので日傘などで暑さでバテないように気をつけました。教室に入るとエアコンが効いているので逆に冷えすぎないように気をつけました。夏は気温差が大きいので体調には十分注意する必要があります。帰ってからは5時から7時までが復習と宿題の時間です。それぞれの学習方法をしっかり守って行うことが大切です。この時間までに宿題が終わらなければ夕食後に行い、夜は早く寝ることを心がけました。朝は早く起きて、9時から算数と理科の重点学習の時間としました。

小4夏期総仕上げテスト

8月28日が総仕上げテストです。この日までコツコツと学習を繰り返してきました。新しい事はありません。ひたすら同じことを徹底して行ってきました。結果は算数が偏差値53で平均点を超えてきました。社会も偏差値57でさらに力をつけてきました。逆に国語の偏差値が47で平均点を下回ってしまいました。理科は46で平均点を超えることができなかったが、前期の平均偏差値より上がってきたので、学習の効果が出てきたと判断しました。4科目総合で偏差値52が取れて9月から上位クラスに上がることになりました。

この総仕上げテストの結果から、正しく学習が行われてきたことが証明されたので引き続き行っていく自信となりました。成績が良くないと何か新しい事をして取り返していかなければならないのではと考えがちですが、むしろ逆で学習してきたことをひたすら繰り返すことが成績を伸ばすコツです。

国語の偏差値が下がってしまったが心配はしていません。学力が下がったのではなく全体での位置が下がったのです。講習で毎日文章問題を解いて練習すれば、それまで国語、特に文章読解が苦手だった生徒は練習によって偏差値を上げてくるのです。

娘の場合、算数や社会、理科がそれに当たります。一人の生徒の中でも科目によって学力の伸ばし方が変わるのです。普段苦手にしている科目でも、時間をかけてじっくりと学習を続けていけば伸びるものです。

初めての上位クラス

小4からクラスが2クラスになります。上位クラスと中位クラスです。テキストもカリキュラムも同じ、教える教師も同じ、違うのは授業スピードです。新しい単元を説明する時は上位クラスでは習った知識を簡単に復習しておいてから新しい知識を導入しますが、中位クラスではすでに習った単元でも初めてのように最初から教えて思い出させてから新しい知識へと移っていきます。練習スピードも違います。上位クラスは1問1～2分で次々と練習していくのに対して、中位クラスでは3分かけて確実に理解してから次に移っていきます。したがって宿題も違ってきます。上位クラスは残りの問題ページ全てが宿題でも中位クラスは基本問題とやった問題を繰り返し練習することが宿題となります。

上位クラスに上がった生徒が継続して上位クラスを維持することも難しい。4、5

人が同時に上位クラスに昇格しても次月も残るのは1人か2人でしょう。しかしそれでもいい経験になるのです。

私立中学校合同説明会

各私立中学校はそれぞれの説明会を開催しますが、ここでは合同説明会の特色を挙げてみましょう。私立中学校の説明会は自校の紹介をしながら校風や教育環境の良さ、大学実績などをアピールします。実際に中学校に入って施設や教職員、在校生を見ることができるので雰囲気を知ることができるというメリットがあります。説明会に参加するためにはそれぞれの中学校の説明会日程をリストアップし、都合を合わせる必要があります。場合によっては1ヶ月間毎日曜日連続して説明会に行かなければならないようなこともあります。

合同説明会は、多くの受験生が受ける中学校が一堂に介するものです。1日でほとんどの中学校の話が聞けるというメリットがあります。時間の節約にもなりますし中学校の話の比較もし易い。地域の文化センターに数校の中学校が集まって説明会を合同で行うというものです。最初に合同の説明会を聞いて、それぞれの中学校の概略を知ってから実際に各中学校の説明会に足を運ぶのが賢い保護者のやり方でしょう。伝統や名前だけでなく中身を吟味して学校を選ぶ。子供を6年間預けるわけですから、説明会は参加してしすぎることはないでしょう。

小4後期の授業と実力テスト

後期の授業は前期と夏期講習で学習した内容に応用レベルを加えて繰り返されます。それまでに理解しきれなかった単元や内容はここで盛り返すことができます。注意することは、学校の行事です。運動会や学芸会、学習発表会などがあるとそれに時間がとられ学習不足になることがあります。時間管理や健康管理に十分気をつけてスケジュールに遊び部分（予備時間）を作っておくことが大切です。

10月5日後期第1回の実力テストがありました。娘の結果は算数：92点（偏差値58・8）、国語：75点（58・6）、理科：34点（43・2）、社会：29点（43・4）、合計：230点（53・8）で、夏期講習に引き続き上位クラスを維持することができました。調子の良さが引き続いていましたが、こういう時こそ成績の見かたについて次の点に注意しなければなりません。

◇成績が右肩上がりで奇麗に上昇し続けることはどの受験生にもなく、成績は上下するのが自然な姿だと認識する。
◇右肩上がりで成績が上がり続けることを期待したり、性急に学習効果だけを求めてしまうと、子供が逆に勉強に嫌気を持ってしまうことがある。
◇成績は長い目で見る姿勢が大切だと知る。

実力テストは正しく理解している単元とそうでない単元を把握するためのものです。どの生徒にも得意・不得意があり、そのデータを収集することがテストを受験する目的の一つです。不得意な問題や単元が分からないまま入試本番を迎えるのは子供にとって一番つらい事です。今後、何を重点的に学習すればいいかが分かり、効率よく学習を進めることができるのです。

文化祭

愛知淑徳中学校の文化祭に行きました。私立中学校説明会は一般に保護者向けの内容になっていて堅い印象を受けることが多いのです。中学校の教育方針や環境、大学受験のカリキュラムや合格実績など子供は聞いてもあまり興味が沸かないものがほとんどかもしれません。中にはブラスバンドや合唱部のパフォーマンスがあったり、学校生活の映像が流れたりして工夫されているものがありますが、それでも大半は子供にとっては見るだけのものです。

それに対して文化祭は子供向きです。中学生が主催するものなので楽しくないはずがありません。子供はあれもこれも見たいものばかりです。

小4の冬期講習

難度が高まる小5の受験学習に先立ち、受験学力の基礎を完成させることがこの冬期講習の目標です。後期の学習内容は非常に重要で、思考力を要する単元も数多く入ってきます。苦手にしやすい単元を絞って集中的に学習に取り組むことで一段高い学力を身につけることを目指します。後期の算数は夏以降、学力が上がり平均偏差値53まで伸びてきました。国語も盛り返して平均偏差値52を取っていました。社会の偏差値が50を下回り、理科は偏差値30台のままでした。冬期講習は短期勝負のため算数・国語に特化し、必ず偏差値50以上を取ることを目標にしました。

冬期講習は午前中の授業です。午後1時過ぎに帰宅し、昼食後2時間を復習と宿題の時間にしました。夕食後は算数と国語の反復練習の時間にして、間違えた問題を徹底的に繰り返しました。

小4冬期総仕上げテスト

1月5日が総仕上げテストです。正月明けの4日もテストに向けて最終チェックを行いました。結果は算数・国語ともに偏差値53を取ることができました。目標に対してきちんと結果を果たすことができて夏同様に自信をつけることができました。ところが理科・社会は平均点に遠く及ばず偏差値30という結果になりました。すべて思う通りにはならないものです。理科と社会の学習方法が次学年の課題となりました。

小5進級

小4が終わり、3月になると新小5の学習がスタートします。進学塾の新年度は2月か3月が標準です。それは入試が1～2月に行われるからです。入試から遡って1年・2年と残りの年数を数えるため、この時期のスタートとなります。新小5といってもまだ小4の終わりだし、娘は3月の早生まれときているので、4月生まれの同級生とはほぼ1年の差があります。体つきも小さいし体力も負けているでしょう。新小5になると通塾日は週3日になるし、毎週土曜日のテストゼミもあります。さらに毎週火曜日と木曜日は復習・宿題指導講座があるので軽食持参で21時まで学習します。だから体調面には大変気を使いました。軽食の弁当は栄養面はもちろん、見た目にも楽しい弁当を心がけて作っていたようでした。妻のその努力には頭が下がる思いです。

理科・社会の学習方法

小5の理科・社会の学習には次の点に気をつけなければなりません。

〈理科〉

1．授業後、板書を映したノートを見ながらテキストを読み直し、ラインマーカーで線を引いた重要なことばを覚える。（約10分）

2．授業を思い出しながら覚えた重要なことばをノートに書き、図や公式、問題の解き方を暗記する。（約15分）

3．宿題の問題を解く。ただし正解するかどうかが重要ではない。大切なのは次の点です。

＊自分の学習のどこができていて、どこができていないかを知ること。

＊問題のパターンを覚えること。

＊解く速度を速めること。

4．宿題の進め方

＊大問1問は5分が目安です。1問に時間をかけすぎない。

＊分からない問題は問題番号に印をつけてとばす。

＊大問1問が終わったら自分で答え合わせをする。この時、赤ペンで正しい答えを書く必要はない。正解に○をつけるだけでよい。

＊まちがえた問題、分からなかった問題をテキスト、ノートを使って復習する。

＊復習後、もう一度その問題にチャレンジする。

＊同じように自分で答え合わせをする。
＊この時にできなかったら解答の解説を読む。
＊解説を読んでから、再度チャレンジする。
＊それでもできなかったら教師に質問する。
＊分からなかった問題専用のノートを作っておくとよい。

〈社会〉

1. 暗記が中心の科目ですので、覚えた量に比例して得点ができます。ただし暗号のように覚えても無駄です。テキストの太字を中心に関連する事柄をつなげて覚えることが大切です。面白いと感じ、興味・関心を持つことによって成績が上昇する科目です。

2. 例えば「愛知県を覚える」であれば、
＊どんな平野や川がある？　半島は？↓テキストに載っている地名を地図を使って調べる。
＊農業は何がさかん？↓テキストに載っている野菜や花などをスーパーなどで実際に見てみる。
＊愛知用水はなぜ作られた？↓インターネットなどで調べるといろいろなことが分

かる。
＊輪中って何？　↓実際に木曽三川公園に行ってみると楽しく学ぶことができる。
＊電照菊はどうやってつくる？　↓テキストを読んで花屋さんになったつもりで学ぼう。

3．復習の仕方
＊テキストをよく読む（できれば音読する）。
＊ノートとテキストを見比べ、テキストに線を引いたところをノートに書いて覚える。
＊出てきた地名を地図などで確認して覚える。
＊テキストの図やグラフを確認して覚える。
＊地図を自分で書いて地名や特色を覚えるとよい。

4．宿題の仕方
＊復習が済んでから問題を解くこと。
＊基本問題は問題数÷2の時間内で解く。例えば20問なら10分以内。その時分からない問題はとばすこと。
＊練習問題は1ページの大問が小問5問設定なら5分以内で解く。分からない問題に印をつけてとばす。

＊答え合わせは問題ごとに行い、正解を確認してから次のページに進む。
＊間違えた問題、分からなかった問題は覚えるまで何度もノートに書く。
＊復習の時と同じように、字は丁寧に書く。

料金受取人払郵便

新宿局承認

3970

差出有効期間
2022年7月
31日まで
(切手不要)

郵便はがき

1 6 0-8 7 9 1

1 4 1

東京都新宿区新宿1－10－1

(株)文芸社

愛読者カード係 行

ふりがな お名前			明治　大正 昭和　平成　年生　歳	
ふりがな ご住所	□□□-□□□□			性別 男・女
お電話 番　号	(書籍ご注文の際に必要です)	ご職業		
E-mail				
ご購読雑誌(複数可)			ご購読新聞 新聞	

最近読んでおもしろかった本や今後、とりあげてほしいテーマをお教えください。

ご自分の研究成果や経験、お考え等を出版してみたいというお気持ちはありますか。

ある　ない　内容・テーマ(　)

現在完成した作品をお持ちですか。

ある　ない　ジャンル・原稿量(　)

書　名				
お買上 書　店	都道 府県	市区 郡	書店名	書店
			ご購入日	年　月　日

本書をどこでお知りになりましたか？

1.書店店頭　2.知人にすすめられて　3.インターネット（サイト名　　　　）

4.DMハガキ　5.広告、記事を見て（新聞、雑誌名　　　　）

上の質問に関連して、ご購入の決め手となったのは？

1.タイトル　2.著者　3.内容　4.カバーデザイン　5.帯

その他ご自由にお書きください。

（　　　　　　　　　　）

本書についてのご意見、ご感想をお聞かせください。

①内容について

②カバー、タイトル、帯について

弊社Webサイトからもご意見、ご感想をお寄せいただけます。

ご協力ありがとうございました。

※お寄せいただいたご意見、ご感想は新聞広告等で匿名にて使わせていただくことがあります。

※お客様の個人情報は、小社からの連絡のみに使用します。社外に提供することは一切ありません。

■書籍のご注文は、お近くの書店または、ブックサービス（☎0120-29-9625）、セブンネットショッピング（http://7net.omni7.jp/）にお申し込み下さい。

法則5　『親子のコミュニケーションを十分にとる』

都道府県　風呂に貼った

子供ができたら風呂に何かを貼って勉強に役立てようと思っていました。トイザらスに行ってはどんなものがあるかと探してみたりしました。幼稚園の年少はひらがなやカタカナの言葉です。次に数字、徐々に難しくしていきました。年中になったらアルファベットに貼り替えて発音もまねさせました。いい感じの手ごたえを得ながら、幼稚園の年長では世界地図の簡単なものを貼ってみました。発砲スチロールでバラバラになるものです。国名もついています。最初は一緒にバラしては完成していましたが、いつの間にか自分でサッサと完成させることができるようになりました。しかも国名もちゃんと言えるのです。これはいいぞと思いました。小学校に入学した時は日本地図、それも都道府県が詳しくついているものに貼り替えました。社会を教えていて、都道府県を知らなければ話にならないことは痛感していました。小学校3年生には全て答えられるようしようと思っていました。娘と風呂に入れるのは日曜日と月曜日の休みの日しかありません。火曜日から土曜日の5日間は妻が一緒に風呂に入ります。感心したのはその5日間もちゃんと都道府県を覚えていたというのです。1週間の成長を日曜日に確認してみます。着実に覚えてきていました。子供の物覚えは本当に早いものだとつくづく思いました。そして目標通り小学校3年生までに全ての都道府県を完璧に覚えて言えるようになっていました。

本物に触れる

進学塾は個別面談を定期的に行っています。保護者会で個別面談の案内を告知し、希望する保護者が日時の予約を取るというものです。

小学校4年生で教えていた生徒に山崎（仮名）という女の子がいました。成績優秀で実力テストでは常に上位5％以内、性格もよく素直で友人との付き合い方も上手、バレエにスイミング、習字にピアノの習い事も熱心でしかも器量も良いときています。女の子を持つ親ならどうやったらそんな子ができるのかと、羨望の眼差しで見ることでしょう。その山崎の母親が個別面談を申し込んできました。直前の実力テストの成績も申し分なし。何の心配事があるのでしょう、と思うくらいです。普段の授業の様子をまとめておいて、順調に成績が取れていることを報告するつもりでしました。その時に頭に浮かんだのが他の親が一様に思っていること、つまりどうやったらそんな優秀な子供ができるのかということ、これを聞いてみようと思ったのです。聞いても当然謙遜します。「何もしていません」と。「そんなはずはない。きっと何かがある」と粘って聞いてみました。成績が順調なお陰でしょう。何回かの質問の後、口を開いてくれました。子育てで気をつけてきたことは、という質問に「本物を見せるように心がけてきました」と答えてくれました。子供が関心を持ったことは映像ではなく実際に見せるようしてきたそうです。草花や樹木、動物、食べ物から音楽・絵画まで、できる限り本物に接するようにしてきたのだそうです。この時、娘は小学校1年生。まだ遅くはない。わが家も心がけようと思いました。

家に帰って妻に話したら、草花や樹木、動物は幼児のころから見せてきて、言葉が話せない頃から話しかけてきたそうです。わが家の近くには大きな公園があります。そういえばよく出かけていました。きれいな草花を見た時は「きれいだね」と話しかけ、鳥が飛んでいるときは「鳥さんだね」とかしゃべりかけていたそうです。そのことを聞いて安心しました。そして思い出したことがあります。

家族でグアムに行った時のことです。グアムの時、娘は2歳5カ月でした。祖父母に預けることもできないので連れていくことにしました。妻も初めての海外旅行で大変喜んでいました。普段の家族の支えに感謝して3泊4日の間は食事にショッピング、マシンスポーツなどリゾートライフを満喫しました。とくに娘が喜んでいたのはホテルのプールでした。何種類かあって浅い所でジャブジャブさせたり、深いプールで浮き輪に乗せたりして、ワイワイ楽しんでいました。これも本物を見せたことになるのでしょう。

娘が幼稚園に入って最初の7月のことです。幼稚園で水遊びをすることになりました。先生がビニールプールを膨らませてプールを作りました。そして園児たちにプールで遊ぼうと誘ったそうです。喜んで水遊びを始める園児たちの中で、娘だけは遊ぼうとしませんでした。先生が体の具合が悪いのかと心配をして聞いたら、娘はこう言ったそうです。「これはプールじゃない」。

小5の春期講習

毎週4科目指導になって最初の講習です。春期講習のコンセプトはスタートダッシュ、そのために学習のつまづきを防ぐことが大切です。3月のテストゼミは偏差値60前後で好調にスタートしました。春期講習で小数・分数の学習に厚みをもたせる予定でした。しかしアクシデントが起こりました。

耳瘻孔《じろうこう》

この仕事をしていると子供がかかる病名を初めて知ることがあります。りんご病とか手足口病などは聞いてもどんな病気なのか全く分かりませんでした。耳瘻孔も娘がかかって初めて知った病名です。耳瘻孔とは遺伝が関係する病気で、多くの場合、耳介の前方に縫い針程度の孔が認められるものです。この孔の下には袋状のものが隠れており、そこに分泌物がたまると出てくることがあるのです。この分泌物が感染の原因となって炎症を起こすのです。感染すると袋ごと発赤して腫れあがり炎症となります。初期の場合、抗生剤や消炎薬などで治療しますが、炎症がひどくなると切開してうみをだす必要があります。完治するには袋ごと孔を摘出する手術が行われます。

娘が最初にかかったのは4歳、幼稚園年中の夏休み。症状は左耳の中で破裂していて腫れてしまい手術となり、2週間ほど入院しました。2度目は10歳小5になる前の春休みで、右耳が膿み始めて抗生物質を飲んでも治まらなかったので手術することになりました。3学期の終業式が終わって翌日入院したので、春期講習がほとんど受けられなくなってしまいました。当然、総仕上げテストも欠席となりデータ収集もできませんでした。

娘と母親は焦りましたが、焦っても仕方ないと話し、入院中でも元気になったらベッドの上でもできる勉強を行うことにしました。

小５前期の授業

小５の前期は新しい単元を次々と学習します。この時期に注意することは、小４と比較して成績が下がったと感じることがあるということです。小４の頃より覚えが悪くなったり、時間がかかったりする感じがします。それで勉強の仕方が悪いのではないかと思い込んで、新しい問題集をやらせたり家庭教師をつけたりする家庭がありま す。これは成績が下がったわけではありません。小５の前期を直近の小４の後期と比較しているからです。小５の前期では新しい単元を学習する１回目なのです。それに対して小４の後期ではすでに５～６回学習しているのです。繰り返し学習していたころと１回目の今を比べては生徒が可哀想です。比較するなら小４の前期、初めて学習したころと比べなければ確かなことは言えません。成績を見比べてみると小４前期より小５の前期のほうが上がっていることが多いのです。同じ初めての学習でも小４の経験があるから小５の方が成績が上なのです。このことに気づかずにいると誤った学習に進んでしまう危険があります。

小4と違うということでは、小5からは毎週テストゼミがあるということが挙げられます。テストゼミのメリットは次の通りです。

①理解の到達度を図る。
②競争原理によって動機づけを図る。
③苦手科目・弱点科目を把握する。
④問題処理能力を高める。
⑤表彰・成績上位者掲示・クラス昇格により意欲喚起を図る。

授業で分かったつもりになっていてもテストでは解けないことがあります。時間がかかって後半が空白になってしまったり、誤字や脱字・当て字などのケアレスミスをしたり、中には問題用紙には正解が書いてあっても解答用紙には異なる答えを記入したりします。分かるとできるは違うのです。

また、小4では毎月の実力テスト↓講習の総仕上げテストの2段階構えでしたが、小5ではテストゼミ↓実力テスト↓講習総仕上げテストの3段構えになります。テストゼミで出来なかった単元は実力テストで出来ればいいし、実力テストで出来てなければ講習総仕上げテストで出来ればいいのです。それならテストゼミは確認テストだと思えば保護者の心にも余裕が持てます。

算数の割合と比、線分図

小学校５年生のカリキュラムで難しいのが算数の割合と比です。比を学習すると、速さ・図形・面積図などあらゆる単元に活用でき、また応用問題を速く解けることも多々あります。比を学習することは理科の物理・化学的内容の定着にも役立つのです。比は割合の表し方の種類の一つなのでまったく新しい考え方を覚えるわけではありません。次に割合と比の問題を比べてみました。ほとんど同じ内容です。

〈割合問題〉30人に対する10人の割合を求めなさい。
〈解答解説〉もとにする量は「に対する」の前にあるので30人がもとにする量。
（比べる量）÷（もとにする量）＝（割合）より
20÷30＝20／30＝２／３

〈比の問題〉30人に対する20人の比を求めなさい。
〈解答解説〉もとにする量は「に対する」の前にあるので30人がもとにする量。
比は（比べる量）：（もとにする量）で表すので
20：30＝2：3

比の学習をする前に割合を復習しておくとよいでしょう。比は小5で速さ・倍数算・平均と面積図・相似などで活用され、小6の濃度・倍数変化算・面積比・体積比などに繫がっていくので小5前期のうちに基本を徹底しておくことが重要です。

壁に貼る

娘は算数の単位換算を紙に書いて壁に貼りました。1㎢＝100ha＝10000a＝1000000㎡とか1ℓ＝10dℓ＝1000㎖、1dℓ＝100㎖といった具合です。娘は図形が得意ではなかったので、こんなことも書いて貼ってありました。

①テープ全体の長さ＝テープの長さ×本数－のりしろ×（本数－1）

リング全体の長さ＝リングの外径×個数－リングの太さ×２×（リングの個数－１）

②テープ全体の長さ＝（テープの長さ－のりしろの長さ）×本数＋のりしろの長さ

リング全体の長さ＝（リングの外径－リングの太さ×２）×個数＋リングの太さ×２

そして意気込みも添えてありました。「絶対に覚える！　いけいけ、ゴーゴー!!」

オープンスクール

オープンスクールとは中学校開放です。学校の授業や部活動などに参加してもらい、普段の学校生活を見てもらうものです。こういう機会は年に１～２回しかないので積極的に参加するべきでしょう。塾の授業やテストと重なることもあります。そういう場合に保護者から質問がきますが、迷わずオープンスクールに参加するように勧めます。理由は簡単です。授業は後から追い付くことができますし、テストは問題を手にしてから自宅でやればいいでしょう。しかしオープンスクールなどの学校行事はチャンスが限られています。是非とも参加して私立中学校の空気に触れてもらいたいのです。

娘はオープンスクールでバドミントンをさせてもらいました。娘は足が速いわけでもなく持久力もなさそうで体育の成績はあまり良くはありません。それでもボール感覚は良いものを持っている、と思いました。ラケットを持たせるとちゃんとボールに当てました。タイミングも合っています。だからやっていて楽しいし、在校生にも優しくされたらしく、これをきっかけに娘は愛知淑徳中学校を第1希望にしたようです。

野外学習

小5では野外学習（キャンプ）があります。通塾日と重なった場合、当然授業が欠席となります。生徒も楽しみにしている学校行事なので、後日補習などを行うことになります。欠席した分の授業は補うことができるのであまり心配はいりませんが、他に注意することがあります。野外学習や小6修学旅行、学芸会などはその日だけではなく前2週間と後1週間、合わせて約1ヶ月間にわたって学習が疎かになることに注意しなければなりません。学校行事は準備しなければならないし、終わってからも片づけなければならないことが多いでしょう。生徒の気持ちもそちらに傾きます。そして写真が出来上がればそれでまた話が盛り上がったりします。これらのことを考慮に入れて１ヶ月の学習は最低限度の学習量を想定し、それ以上ができればいいぐらいの気持ちで進めなければならないでしょう。

小５の夏期講習

「夏休み」という言葉は一般的には何とも嬉しい響きです。しかし「受験の夏休み」となると意味合いが変わります。どれだけ学習ができるか、どれだけやらなければならないかと考えなければなりません。できる限り学習成果を発揮させたいと思うものです。そこで夏休みの注意点を次に挙げてみます。

１．学校の宿題は講習前に終わらせる。

娘は「夏休みのしおり」はもらってすぐほとんど終わらせました。最後の夏休みの思い出だけ残っていました。これも盆休みには終わるでしょう。習字は教室に通っていたのでそこですぐ終わらせました。読書感想文は７月中に終わらせたいが、盆休みまではかかるかもしれません。自由研究は何をするか決めて、インターネットで自由研究向けの夏季工作教室を検索しました。押し花の工作教室があったのでそれに決めて申し込みました。そして主な花を調べて写真を載せ、特徴をノートにまとめました。

2. 誘惑は制限または排除する。

コミックス・テレビ・ゲーム・パソコン・スマホなど熱中してしまうとあっという間に時間が過ぎてしまうものがいくらでもあります。この大事な時期に1日の計画を台無しにすることはできません。全く排除するか、子供によっては時間を区切って制限をするなりして最初からはっきりと決めておくことが肝心です。そして親も我慢する姿勢を見せることが重要です。

3. 目標を立てる。

小5のこの時期では親子できちんと話し合いをして、中学受験をするという決意の確認をすること。そして覚悟をすること。志望校はどことどこか、志望順位はどうなのか、をはっきりさせ目標を明確にして夏を迎えることが大切です。

4．規則正しい生活をする。

まず第1に、睡眠時間を確保すること。眠い頭で机に向かっても効率は上がりません。11歳の受験生であることを考えて8時間は確保したいものです。睡眠は90分の倍数がよいという説もあります。そうすると7時間30分くらいがベストかということになります。個人差がありますので子供に合った睡眠時間を設定します。夜中まで頑張って学習しても必ず次の日に影響が出るし、授業に集中できません、内容が頭に入らないのでは逆に無駄な時間が多くなってしまいます。学習は毎日の継続が重要なので、規則正しく生活し、何時に寝て何時に起きるかをはっきりさせます。終了時刻がはっきりしている方が学習に対して集中できるものです。

次に1日を4分割します。午前・午後・夕方・そして夜に分けて、それぞれ何をするか決めます。午後は1時から4時まで夏期講習がありますので、夕方は自習室で6時まで復習と宿題をすることにしました。夜は夕食後8時から10時まで家庭学習。そして午前中は9時から11時まで苦手学習をする予定を立てました。

最後に日曜日は学習の予定は何もいれず、リフレッシュの日にしました。もちろん学習が後回しになったら日曜日に学習が入ることは覚悟させました。そしてお盆休みは講習の宿題を早く済ませ、実家に帰り祖父母と遊ばせることも予定しました。そして夏期講習が終了した8月の終わりにはディズニーリゾートに行く目玉行事をつくり、楽しみにさせて夏期講習を乗り越えさせるようにしました。

トイレに貼る

娘はトイレにも覚えることを貼りました。リビングが算数なのでトイレの中には国語にしました。貼ったのは小学校5年生の夏期講習で配付された接続語の分類のプリントです。10種類あります。

①順接…前の事柄が原因・理由となり、その当然の結果が後に来る。
「だから」「したがって」「すると」「そこで」「それで」「ゆえに」など。
②逆接…前の事柄から当然予想される結果とは逆の結果が後に来る。
「しかし」「けれども」「が」「だが」「ところが」「でも」など。
③並立…2つ以上の事柄を、並べて述べる。
「また」「そして」「および」「ならびに」など。

④添加…前の事柄に、後に続く事柄を付け加える。
「そのうえ」「しかも」「なお」など。
⑤選択…前の事柄と後に続く事柄の、どちらか一方を選ぶ。
「あるいは」「または」「もしくは」「それとも」など。
⑥理由…前の事柄の原因・理由が後に来る。
「なぜなら」「なぜかというと」など。
⑦補足…前の事柄に対して、後の事柄が補足している。
「ただし」「もっとも」「むろん」など。
⑧同格…前の事柄について、別の言葉での言い換えが後に来る。
「つまり」「すなわち」など。
⑨例示…前の事柄の例が後に来る。
「たとえば」
⑩転換…前の事柄とは別の話題に話を変える、または問題を提起する。
「ところで」「さて」など

それぞれの接続語の働きを理解して、具体的にどんな接続語があるか覚えることが大切です。

体調管理

夏期講習は休まずに行くことが成功の条件です。そのため体調管理は欠かせません。暑い日はもちろん、涼しい日との温度差にも注意させました。外から家や教室のエアコンのある場所に入った時にも体調を崩さないように上着で調節させました。

小5夏期総仕上げテスト

夏期講習の成果を試す総仕上げテストが行われました。前期の偏差値が算数47・0、国語51・5、理科38・4、社会47・0、合計45・0でした（実力テスト3回平均）。結果は算数42・5、国語46・0、理科42・2、社会51・2、合計44・8でした。偏差値はほとんど変わりませんでした。これだけを見るとがっかりしてしまう数値です。夏期講習で何を勉強してきたのかと怒ってしまうところでしょう。内容を分析してみます。算数・国語の偏差値が約5ポイント下がっています。特に国語は得意としていた科目なのにと思ってしまいますが、偏差値は集団の中での位置取りなので、自分より他の生徒が伸びれば自分は下がってしまうものです。毎日文章を読んで練習すれば、それまで国語が苦手だった生徒も少しは力がついて伸びるでしょう。そうすれば追い付かれてきて偏差値は下がってしまうのです。逆に理科・社会を見てみます。苦手科目である理科が伸びたのは先ほどと立場が逆転したのです。苦手だった科目もたっぷり学習すればそれなりに伸びるのです。苦手な分だけ伸びるフィールドが広がっているのだから当然でしょう。偏差値が変わらないということは集団の中で同じように力がついて伸びているということです！　それらを知っておかないと、夏期講習をやっても無駄だったなどと子供に言ってしまうかもしれない。もし言ったなら、子供は急激に学習意欲を低下させることでしょう。「継続は力なり」です。わが家の場合、継続の効果は1ヶ月後にやってきました。

小5後期の授業

前期は多くの新しい学習内容を進めてきました。毎週毎週今まで知らなかったことがどんどん出てきて苦労したことも多かったと思われます。初めてのことを全て完璧に覚えた生徒はいないでしょうし、一度学習したものの忘れてしまった内容もあるでしょう。いずれにしても一回で全ての内容を定着することは至難の業です。しかし夏期講習で少し全体が見えてきたことでしょう。前期の内容も何割かは定着しかけてきたと思います。後期の学習の内容と目的は次のようになっています。

1. 前期内容を繰り返し学習し、定着度を高める。
何度も同じ内容を学習することで定着度を高めていきます。分かりにくかった内容も2度目・3度目になると頭に入って行くことが多い。一度学習しても忘れてしまうことが多いが、2度目は1度目より、3度目は2度目より忘れにくくなっていくものです。

2. 前期に学習した単元を、より深めて学習していく。
前期内容の繰り返しだけでは生徒は飽きてしまうでしょう。したがって前期よりもレベルアップした内容も扱います。計算問題も前期と比べて応用的な問題も増えてきます。例えば
小5前期：倍数・約数、速さ、比、柱体の体積・表面積、直線のグラフ
後期：倍数・約数の応用文章題、旅人算、通過算、速さと比、倍数算、錐体の体積・表面積、速さの折れ線グラフ

3. 前期に学習した内容に視点を変えて学習し、それにより応用問題に対応できるようにする。

例えば社会（地理）前期：分野別↓後期：地方別、となります。

4. 前期に学習していない内容も追加する。

国語では文法、社会では歴史、算数では平均、差集算なども後期からじっくりと学習していきます。

2回目の上位クラス

夏期講習の総仕上げテストでは平均点を超えることができませんでしたが、娘は後期の学習が上手く進んだか、あるいは夏の成果が人より遅く今頃になって出てきたのか、（そういえば娘は早生まれで何事も人より遅かったような気がします。）10月4日の実力テストで算数65点（偏差値52・3）、国語：40点（48・3）、理科：56点（39・1）、社会：69点（58・4）、合計：230点（50・8）の結果で1年ぶり2度目の上位クラスになりました。クラスの顔ぶれも変わっていたようです。小4よりも人数が増えていて知らない子も多かったようです。1年前にクラスが上がり仲良くなった女の子とまた同じクラスになることができて娘も喜んでいました。友達が増えるので両方のクラスを行き来するのも悪くない、と同時に娘はクラスの違いも感じ取ったようです。

どちらのクラスの生徒も小学校では成績上位です。しかし上位クラスともなると更にトップレベルです。意識も高いし意欲もあります。目的もはっきりしているので、その目的のために何をしたらいいかもよく知っています。だから切り替えも早い。さっきまで笑っていたかと思うと次の瞬間には集中しています。これらの空気を味わうことも娘にはプラスになりました。

文化祭

小4も文化祭に行きましたが、一度行ったからもういいというものではありません。毎年行くべきです。大人は一度見たらもう十分というものでも、子供は学年によって見方が変わるものです。年齢が上がれば感じ方もそれに応じて上がるでしょう。娘は愛知淑徳中学校に行きたいと言うので行かせました。

愛知淑徳中学校ではあちこち見た後にバドミントンをさせてもらいました。娘は走るのは遅いし力もなく運動神経は決していい方ではないですが、昔からボールを打つタイミングは抜群のものを持っていたので、ラケットにシャトルを当てて打ち返すバドミントンは本人にとってはできるスポーツの一つと感じていたようです。ひとしきり楽しんだ後、在校生からの「頑張って入学してね」の一言でしばらくやる気になって勉強していました。

小5の冬期講習

学力の夏に対して精神力の冬と位置付けます。クリスマスに大みそか、正月と魅力的なイベントが連続します。そこを我慢して学習を継続することが小6での受験勉強に繋がるのです。

小5冬期総仕上げテスト

算数：44点（偏差値47・1）、国語：53点（44・5）、理科：34点（33・3）、社会：68点（53・5）、合計：199点（44・4）

夏期講習の成果で娘は繰り返し学習すれば、より定着していくことが分かりました。同じことを冬期講習で期待しましたが偏差値は50を上回れませんでした。夏期と冬期を比較すると偏差値も順位も下がってしまいましたが、1年前の小4の冬期講習と比べてみると偏差値はほとんど変わっていません。夏期は大変頑張った、冬期は普通に頑張ったのです。

小6進級

入試レベルの学習が始まります。小5と比べると通塾日も1日増え、土曜日は4科目の授業があります。日曜日にテストゼミが行われ、テストの問題数も質も上がるし記述の量も増えます。

注意することは、復習と宿題は必ず当日に終わらせることです。そして早い段階でこの学習スケジュールに慣れて習慣化させることです。娘の１週間のスケジュールは次のように決めました。

月曜日：フリー（予備日）
火曜日：16：50〜18：55　平日練成授業（理科・社会）
19：15〜21：00　復習授業（理科・社会）終了後帰宅
22：00〜22：30　宿題
水曜日：16：50〜18：55　平日練成授業（算数・国語）、終了後帰宅、夕食
20：00〜22：00　復習と宿題（算数・国語）
木曜日：16：50〜18：55　平日練成授業（算数・国語）
19：15〜21：00　復習授業（算数・国語）終了後帰宅
22：00〜22：30　宿題
金曜日：17：00〜19：00　自宅で復習と問題解き直し
土曜日：14：35〜18：55　平日練成（４科目）、終了後帰宅、夕食
20：00〜22：00　復習と宿題
日曜日：８：50〜12：35　テストゼミ

16：00～18：00　テストゼミ問題解き直し

土曜日に4科目授業があるのでテキストも相当の量になりました。小5まではショルダー型のバッグで通塾していましたが、小6ではそれでは収まりきれなくなったし、重たいので新しいバッグを買うことにしました。ポイントは収容量と強度です。それと背負うタイプに決めました。家族で専門店・スポーツショップなどを探し回り、最後には娘がデパートで発見したものが気に入り、それを買うことになりました。併せて筆箱や筆記用具、ノートなども新調し、小6の学習準備が整いました。

小6の春期講習

入試レベルの学習のスタートでつまずきをなくすことを目的とします。娘は昨年は入院で受けることができませんでした。それが4月の出遅れにつながったという反省があります。この春期講習までは自校の教室で受けることができますが、小6は夏期講習以降はターミナル校に集まるのです。春期講習は毎日3時間、1週間の学習を進めていきました。

小6春期総仕上げテスト

娘の春期講習の結果は算数：32点（偏差値40・2）、国語：46点（42・6）、理科：46点（36・0）、社会：50点（41・5）、合計：174点（38・7）でした。

1年前のデータがないので比較できないため、テストの解き直しを徹底して行いました。

小6前期の授業

小学校の授業が始まって困ったことが生じました。学校の宿題です。小6ともなると学校の宿題が増えます。娘は火曜日は学校から帰ったらすぐに仕度を済ませて市バスに乗り教室へ行きます。19時まで授業があり、夕食の弁当を食べて21時まで復習授業があります。22時前に帰宅し、軽い食事の後復習と宿題を終えます。風呂に入り、寝る仕度をしますが、小学校の宿題を終えようとすると寝る時刻は0時を過ぎてしまいます。時には1時になってしまうこともありました。これでは睡眠不足になってしまい、小学校の授業や受験勉強に影響が出ます。娘はしばらく頑張ってやっていましたが、やはり無理がたたったのでしょう。眠い頭で登校するようになってしまいました。1ヶ月くらい経った頃、小学校の先生に相談しました。そして午前中の宿題を全て教えてもらい昼休みや休憩中を使って小学校で宿題を終わらせるようにしました。

テストゼミと送迎

小6のテストゼミが始まりました。火曜日から土曜日に学習したことを確認するテストとその後に解説を行うゼミで構成されています。小6の開講は日曜日の午前になります。わが家からは名鉄で通うことができる名駅校と地下鉄で通うことができる御器所校とがあって、どちらか選ぶことができました。名鉄の駅までは自分で歩いて行けますが、地下鉄の駅までは市バスで行かなければなりません。娘は仲の良い友達と一緒に行くことができる御器所校を選びました。そこで日曜日の朝は車で娘を地下鉄の駅まで送って行き、そして昼過ぎにまた駅まで迎えに行くことにしました。毎週の送迎が娘との会話の時間になりました。火曜日から土曜日まで帰宅した時には娘はすでに寝ていて、娘が小学校に行く朝は私が寝ています。平日は動いている娘を見ることはほとんどありません。だから駅まで送って行く日曜日の朝の15分は娘との貴重なコミュニケーションの時間なのです。小学校では今何をしているのかとか、塾の勉強はどうかとか他愛もない話をしましたが、それとは別に、話をする時の娘の表情はどうなのかとか、テストに向けて気持ちが乗っているかとか、気持ちの変化も探りたいと思っていました。

プレ中学入試

プレ中学入試は、東海地区の私立中学校の入試問題を研究・分析して作成した中学受験専門の公開模試です。この模試は純粋に私立中学校志望の小６受験生のみが受けます。

特徴は、テストゼミや実力テスト、講習総仕上げテストといった1週間、1ヶ月、講習期間中のカリキュラムテストとは異なり、より入試に近い形式での実戦力が試される総合テストです。出題範囲が非常に広くなるので、一夜漬け的なその場限りの暗記をしても簡単に点数が伸びるものではありません。プレ中学入試も、その結果によってクラスや座席が変わるので実力をつける以外にも、より成績を取りたいというのが生徒・保護者の正直な思いでしょう。しかし範囲の広い総合テストなので、1週間前の総合週だけで一通りの内容を復習することは不可能です。それは、

1. 1ヶ月分の復習だけでも相当大変である。
2. 毎回その月の内容を定着させるということを繰り返せば、前期終了時点で小6前期の重要単元を一通り定着させたことになる。
3. その月の学習内容もプレ中学入試の範囲の一部に入っており、テストに出題される可能性もある。

以上の3点が理由です。できるのであれば、苦手教科の苦手単元に絞って基礎から復習すればよいと思います。

私立中学校説明会

小6前期の私立中学校説明会は、最後のチャンスだと思って参加すべきです。秋にも説明会がありますが、対象の中心が小5に移るのです。オープンスクールの体験授

業も小5が対象になっていたりします。あとで参加しておけばよかったと後悔しないように、日程を確認し、塾の授業やテストと重なっていたとしても説明会に参加するべきです。

七夕の出来事

子供の冬のイベントがクリスマスなら、夏は七夕でしょう。プレゼントはありませんが、短冊に願いを書いてお祈りをするという風習があります。受験生ならば第1希望の中学校に合格したいと書くところだなと思って見ると、願いごとが書いてありました。「希望する中学校に合格！」と書いてあって見ると愛知淑徳中学校の校名が書いてありました。さらによくみるとその上の狭いスペースに滝中学校と書いてあり、明らかに追加して書いたと分かるものでした。娘は素直な気持ちで愛知淑徳中学校を中心に書いてしまいましたが、親は滝中学校が希望だというのを思い出して書き足したのでしょう。親は子供のふとした瞬間に本音を垣間見ることがあります。これがその一つでしょう。娘の本当の気持ちと親に対する気遣いに胸が締めつけられました。そして何としても合格させてやりたいと改めて思いました。

法則6　『弱点を補強するために正確なデータ収集をする』

小6の夏期講習

いよいよ最後の夏休みです。今年は覚悟を決めて学習してもらうしかありません。学習して身に付けた学力はもちろんのこと、努力してできたという経験が今後の人生において自分を成長させるための大きな財産になってくれると信じて向かわせます。

そこで始めにしっかりと計画を立てることが大切です。しかし気持ちばかり空回りして無謀な計画を立てて結局は全然できなかったでは話になりません。腹八分目は実行計画でも同様です。

夏期講習は「学力養成の期間」と位置付けています。これまでに学習した単元を総復習します。期間が長いと言っても優先して学習をするために、単元を絞る必要があります。そこで行うのが「テストゼミ弱点ピックアップ」です。優先する単元を絞る方法は、今まで受けてきたテストゼミの結果から判断していきます。テストゼミでは毎回、個人成績表が返され、各科目の結果が10段階で表示されます。(最高ランクが10)。

その評価の4以下を4・3・2・1の数字をつけて単元名と共にピックアップするのです。例えば、

算数　面積と比（評価１）　和差算（評価３）
国語　説明文（評価４）　随筆（評価２）
理科　天体（評価１）　水溶液（評価２）
社会　近畿地方（評価１）江戸時代（評価３）　という感じです。

１～４の数字をつけるのは、復習するべき単元が多くなってしまった時にどれを優先するかを明確にするためです。４科目を１枚の用紙にまとめてもいいし、科目ごとに１枚ずつメモにするのもよいのです。単元は小５の最初からか又は小５の後半からでもいいでしょう。夏期講習の直前に講習受講のガイダンスがあり、そこで時間割が配られ、学習するカリキュラムなどが載った講習のしおりが配付されます。講習のしおりに記載されたカリキュラムとピックアップした単元とを照らし合わせ、何月何日にその単元を学習するか確認します。例えば、

算数　数と規則（評価１）↓７月31日（月）の３時限目
国語　随筆（評価２）↓８月３日（木）の４時限目　という感じです。

目標設定したことが達成できるかどうかは事前準備にかかっています。段取り8分というところでしょう。娘の場合はこうです。

算数　比（評価2）、割合（3）、立体（1）、立体の展開図（1）
国語　論説文（3）、体言・用言（4）、助詞の働き（3）
理科　動物（1）、天気（2）、天体（3）、電流と電磁石（2）、水溶液（2）
社会　農業（2）、食糧生産（2）、工業の盛んな地域（4）

重点的に学習する単元のターゲットを絞りました。次は1日の学習スケジュールです。

講習がある日のスケジュール
7：00〜8：00　起床・朝食・身支度
8：00〜9：00　通塾・授業前に計算問題
9：10〜12：00　午前授業
12：00〜12：40　昼食
12：40〜15：40　午後授業

15：40〜16：40　自校の教室へ移動
16：40〜19：00　自習室で宿題
19：00〜20：00　帰宅・夕食
20：30〜21：30　家庭学習
21：30〜22：30　入浴・就寝

講習がない日のスケジュール

7：00〜8：00　起床・朝食・身支度
8：00〜9：00　学習準備・計算問題・漢字練習
9：00〜12：00　午前学習
12：00〜13：00　昼食
13：00〜16：00　午後学習
16：00〜17：00　自由時間
17：00〜19：00　夕方学習
19：00〜20：00　夕食
20：00〜21：30　夜学習
21：30〜22：30　入浴・就寝

睡眠時間を8時間以上とり、途中に休憩時間もつくりながら10時間近い学習時間を確保することが可能なスケジュールです。しかし外出や体調不良には対応できないので実際にはこれから最低でも2時間くらいは差し引いて考えた方がいいでしょう。8時間も学習出来れば十分だと思うべきです。

私立中学校フェアと願書集め

7月31日と8月1日に私立中学校フェアが開催されました。東海地方の私立中学校が一堂に会し、さまざまなイベントが行われます。中学校の吹奏楽部の演奏があったり合唱があったりするし、制服を着ての記念撮影というのもあります。さらにここでは願書を手に入れることができます。各中学校のブースでは個別の相談にも乗ってもらえるのでぜひ親子で参加したいイベントです。

娘の準備

夏期講習の前日、娘は持ち物のチェックをしていました。親が準備をしてしまうことのないように、自分で全てやらせました。小5までは親と一緒に確認しながら準備をしていましたが、小6では自分で最初から最後まで出来るようになっていました。テキストは授業がなくても全て持っていきます。鉛筆は6本で鉛筆削りも携帯します。

削りカスが溜まるタイプの物がよいでしょう。

消しゴム2個、色マーカー4本（ピンク・ブルー・グリーン・イエロー）赤ボールペン、3色ボールペン、受講票（IDカード）、防犯ブザー等。

それと時間割、夏期講習のしおり、弱点単元の一覧表。強化単元を再チェックするためです。通塾経路も確認しました。市バスと地下鉄を使って教室までの行き帰りの時間を確認しメモにしました。乗り遅れた場合を想定して、次の便の時間も調べました。帰りに市バスを待つ間の場所も決めました。日差しが強い日や雨の日のために市バスの発車時刻まで屋内で過ごせる場所も考えました。

小6夏期総仕上げテスト

1日の欠席もなくやり通した夏期講習でしたが総仕上げテストの結果は相変わらずでした。算数34点（偏差値41・8）、国語47点（51・2）、理科28点（30・2）、社会46点（44・8）、合計155点（40・1）順位は1200人中950位という有様でした。さすがに危機感を感じ、後期から新たな学習を付け加えることにしました。

小6後期の授業

夏期講習で、入試に必要な基礎的内容の復習が終わりました。後期は入試に向けての応用力・得点力の養成を行っていきます。そのための6つの柱があります。

1．後期テキストを使用して9月から12月まで各教科、再度復習を行う。既習内容の定着が不足している場合は、その単元に合わせてこれまでのテキストの復習を行うのがよいでしょう。時間がなければ要点のまとめを読んで、基本内容の理解および重要事項の暗記をしていきます。余裕があれば例題や基本問題、特に以前不正解だった基本問題を解いていく。

2. 過去の入試問題を解いて、入試問題そのものに対して問題の量・質・時間配分などをつかんでいく。

3. 練成教室の後の入試対策特訓授業で、過去の入試問題を単元別に分けた内容を、毎週扱っていく。

4. 日曜日の入試実戦授業で志望校別にコースが分かれ、それぞれのカリキュラムで頻出内容の演習を中心に授業を行う。

5. 日曜テストゼミは前期までと比べて試験範囲が広くなり、より入試本番に近い形式の問題を増やした内容で出題していく。

6. プレ中学入試は試験範囲が全範囲となり、より入試本番に近い形式のテストになります。また、志望校プレ中学入試が中学校別に行われます。

このように、各教科からかなりの宿題が出されるので1週間の計画をしっかりと立てなければなりません。子供は12歳の体にのしかかる負担と期待と不安の大きさに押しつぶされそうになっていると思います。しかしそれは全て受験生が必ず通って行かなければならない道です。乗り越えていけるように保護者が子供の心身のケアをしていき、良い方向へ導いていかなければならないのです。

新たな学習

9月の3週目から新たな学習を追加しました。それは2週間前のテストゼミ問題をもう一度やり直すというものです。目的は後期からの重要単元をきちんと理解させること。それと実戦力を鍛え、得点力を伸ばすということです。4教科全ては負担が大きいと判断し、算数と国語の2科目に絞りました。2週間前のものであれば答えもしっかりと覚えてはいないでしょう。さらに100点は要求せず、80点で良しとしました。そのため、難しい問題は削除しました。その代わりその80点は必ず正解するまで繰り返しました。全てやらなくてもいいというのは娘も気が楽だったようで、嫌がらずに取り組んでいました。やる日は月曜日、私が仕事の休みの曜日です。やらなくてもいい問題を私が削除しました。後は、娘が自分で時間を見つけてやっていました。やった後には、きちんと正解したかどうかを私が確認していきました。

残り100日

入試まで残り100日となった時、最も気をつけなければならないこと、それは焦りです。それも受験生本人より保護者の焦りがこの時期、強く出てきてしまいます。その原因は、残り期間が短くなってきたのにまだやれてないことが多いとか、子供の入試に向かう意識が薄いとか、見ていてイライラしてしまうことが主なものです。

しかしそんな時こそ、温かい目で見守ることが大切です。保護者が焦ったり、イライラしたりすることが子供にとってプラスになるようであればそれもよいでしょう。しかしその姿を見た子供のほとんどは、心のストレスが増えてやる気が減退していきます。焦っても気持ちが空回りするだけで進展はありません。また、子供と保護者が共にイライラし、関係が上手くいかなくなるということも起こるでしょう。いくら焦っても1日に20時間も勉強することはできません。いくら焦っても入試内容を全部覚えることは不可能です。あくまでも計画的に、毎日、じっくり腰を据えてやるべきことを一つずつこなしていくしかありません。子供も12歳なりに全力を尽くしているはずです。保護者が大人の目で「受験生はこうあるべきだ」と思っても理想通りに学習が遂行できる小学生など、ほとんどいません。

そうは言っても「それは一般的な受験生の話だ。うちの子はこの時期になっても本当に勉強しない。遊んでばかりで、このままではどこも受からない。それでも温かい目で見るべきなのか」と言いたくなる保護者もいることでしょう。おそらくそれは今まで何度も叱っていたが、効き目がないという場合だと思われます。対処法は、

1. きちんと1週間の学習計画を立てる。無計画に進めていっても結局何もできなかったということになりがちです。

2. ゲームやコミック、テレビなどは、必ずどれだけの時間を取るか、親子で決めて約束する。また、それを文書にして壁に貼るなどする。

3. 家で学習しても集中できなければ、教室の自習室を利用する。

４．保護者は、本人に任せると決めたらとことん信じる。しばらく任せたものの、見ていて我慢できずに感情的に怒ることのないようにする。

保護者が心がけるのは、時間の管理です。休憩に時間が取られすぎないように、計画的に学習が進んでいくように、だらけているだけで時間が過ぎていかないように、家庭で時間管理することが大切です。

また受験生だということで、甘やかす必要は全くありません。家の手伝いがあれば行わせればいいでしょう。犬の散歩を任せれば気分転換にもなります。保護者は子供に、勉強だけしていればそれでいい、と思う必要はないのです。

「長い目で見れば才能よりも重要なのはグリッド（やり抜く力）である」

（アンジェラ・リー・ダックワース）ペンシルバニア大学心理学教授

法則7『学力分析は過去の合格最低点から考える』

入試日程

入試日程は毎年6月ごろに概要が発表されるとすでに述べました。今年は初日が愛知中学校と金城学院中学校です。愛知中学校は共学校のため大半の男子受験生と約半数の女子受験生が集中する中学校です。そのため愛知中学校の志願者数は定員の160名に対し10倍以上になります。そのほとんどが成績上位の男子の東海中学校や女子の南山中学校女子部、共学の滝中学校を希望する生徒たちでしょう。偏差値に置き換えれば60以上を取っている生徒ばかりです。娘の偏差値は40．7。普通に考えれば、いや考えなくても分かります。どんなにひっくり返っても太刀打ちできません。400点満点のテストで200点を必死で超えようとしている娘に対して、330点をいとも簡単に取ってしまうレベルの生徒たちなのです。根性論だけでは絶対に勝てません。理論的な分析が必要です。そこで考えたのは愛知中学校の合格最低点です。年によって上下しますが、例年だいたい300点満点中180点以上を取れば合格しています。これを4科目で分けていきます。娘の場合はこうです。国語と算数はそれぞれ60点。国語は60点を超えるでしょうから、問題は算数。算数が好きでも60点以上を解くのはなかなか難しい。算数の問題処理能力を上げながら、リスク回避のために国語は70点以上取るように仕上げていく。

リスクマネージメントは考えなければならない重要な問題です。算数以上に問題なのは理科。理科と社会で各30点取れば１８０点に届きます。しかし娘は理科が嫌いです。嫌いという理由は虫が嫌いだというところからきています。動物や植物の問題では本当に変な解答をすることがあります。毎週スーパーで買い物をする時にはキャベツとレタスを娘の目の前に持ってきて名前を答えさせましたが、ふざけて答えようとしなかったし、本当に分かっているのかも怪しかった状態です。その代わりてこや滑車、圧力・浮力、水溶液のような計算は好きだと言うから女子の中では変わり者です。理科を30点以上取らせるために練習時間を多めに取らなければならないし、万が一20点程度しか取れなかった時のために社会を40点以上取るように仕上げていかなければなりません。入試問題の50点満点で40点以上取るのは偏差値40・７の生徒からすると至難の業です。しかしやらなければ合格は勝ち取れません。そのための学習スケジュールも学習方法も考えました。

オープン模試

11月23日（祝）愛知中模試を受けました。目的は二つ。一つは実際の入試を想定した時間で行動するということ。前夜の過ごし方、就寝時刻の設定、持ち物の準備、朝起きてからの過ごし方、身支度の練習、入試会場への経路と時間の確認など、チェックすることは多い。二つ目は入試に慣れるための予行練習だということ。本番通りの時間設定、雰囲気、問題量とレベル、問題選択と消化スピード、見直し、休憩時間の過ごし方など模試でないと経験できないことが多いのです。

12月、丁寧な挨拶文と共に結果が届きました。

「去る11月23日（祝）に愛知中学校入試説明会・愛知中模試には、多くの皆様がご来校くださいまして有難うございました。

お陰様で今回の愛知中模試は、７００名を超えるみなさんが受験して頂きました。入学考査問題と併行して作問しましたので、各教科ともに入試のプレテストとご理解下さい。

受験生のみなさんには、本校の傾向に慣れてもらう意味でも、有効な事前準備であったと確信致しております。（中略）これから来年1月に向けて、さらに学力を補い、体調に気をつけていただいて、良い結果を生む経験になったと考えてください。最後に、受験生のみなさんや保護者の皆様に心からのエールを贈り、来春には私どもも一緒に、笑顔で喜びを分かち合えることを強く願っています。」

結果は国語45点（平均50点）、算数49点（平均57・6点）、社会26点（平均26・7点）、理科25点（平均23・4点）、合計１４５点（平均１５７点）

ランク（Ａ～Ｅ）は国語・算数がＤ、社会・理科がＣ、合計ではＤという有様でした。国語は漢字と言語事項の正解が65％、文章問題の抜き出しは正解が４問中１問のみ。時間が足りなかったのか１問は空欄でした。言語事項はまだまだ覚え込みの不足、文章は問題全体を読み切れていないことが判明しました。

算数は基本～標準レベルの問題が10問中5問正解。速さの問題は全てできましたが、図形問題は全滅でした。入試と同じレベル・形式での出題とのことなので、今後は1行問題を中心に基礎練習を増やすことが課題です。図形問題も練習量を増やさなければなりません。社会も入試レベルとのこと。地理は40％、歴史は70％、政治・国際は38％の正解率でした。一定の知識はあるが、定着が不十分だということが判明しました。苦手な理科が平均を超えていたのは意外でした。しかも嫌いな生物で正解が80％超でした。入試は分からないものだと再確認しました。水溶液・天体・力関係の分野の基礎を固めることが今後の課題です。

入試過去問題

9月から私立中学校入試問題集が配付され、演習していきます。これは愛知県・岐阜県の主要中学校11校の、過去3年間分の入試問題・解答用紙および解答・解説が教科別にまとめられたものです。

この時期から入試問題を解いていく意義は、何点取れるか、合格点を超えることができるかではなく、次の3点です。

1. 受験校のおよその傾向を知る。

過去の入試問題を解いても、まったく同じ問題が出題されるということはほとんどありません。しかし、その単元の出題が多いとか、あるいは出題形式が多いとかなど、ある程度の傾向が感覚として感じ取ることができます。例えば算数で必ず作図が出題され、しかも説明を求められるということなどです。

2. 入試問題の量や難易度を知る。

入試問題は各中学校で問題量や難易度は毎年だいたい同じだということが多い。

試験時間と問題量を知れば、問題を解くために必要とされるスピードが分かるのです。

3．捨てる問題を選ぶ訓練をする。

入試は満点を取らなくても合格できます。入試問題の中には、ほとんど解けないような難問・奇問が含まれている場合もあります。それらの問題に時間をかけて考え込んでしまうのは合格する道から外れた行動です。重要なことはそれらの問題を見ても動じず、すばやく見切ってとばし、他の問題をきっちり時間かけて解き、できる限り総合点を上げていくことです。ただ問題を解くだけでなく、そういった訓練をしていくのです。

法則8 『入試パターンを入念に練り、アクシデントを想定しておく』

受験パターン

毎年6月の保護者会では入試日程の概要を発表します。来春の入試が何月何日から始まって、どの中学校がいつ入試なのかがほぼ決定するので受験生と保護者に知らせるのです。第1希望の愛知淑徳中学校は1月30日の日曜日、椙山女学園中学校と同一日です。昨年は別々の日に入試だったが今年は同じ日程のため、どちらかを選んで受けることになります。どちらも行きたい学校なのに一緒の日なのは非常に残念だ、と女子受験生を持つ多くの保護者が思ったことでしょう。

1週間前の土曜日が第2希望の愛知中学校、翌日の日曜日が名古屋女子大学中学校です。名古屋女子大学中学校には申し訳ないが、ここは試験慣れと滑り止めの学校です。第1希望の学校の前には少なくとも2校は受験しておきたかったのです。受験生は3校目あたりで入試に慣れて実力が発揮できる、というのが長年見てきて私が思うことです。1校目で力が全て出し切れる生徒がどれくらいいるでしょうか。これまでも親のエゴや勝手な判断で第1希望の中学校1校しか受験しないという家庭がありました。数年前、同じくらいの学力の生徒5名が南山中学校女子部を受験して1名だけ不合格だったことがありますが、その受験生は1校しか受けなかった生徒でした。長い受験経験の中で同様なケースがいくつかありましたが、１校だけしか受験しなかった生徒は私が知る限り１００％受かりませんでした。当然と言えば当然でしょう。ピアノの発表会でリハーサルなしで本番の演奏だけで入賞せよとか、練習試合もこなさずに公式戦の初戦で強豪相手に勝てと言ってるのと同じです。まして受験生は小学生です。大人の尺度で測っては可哀想というものです。第１希望校に真剣に合格したいなら、入試日程は綿密に考えつくされたものでなければなりません。

一つ困ったことがありました。第２希望の愛知中学校のことです。愛知県最初の入試です。愛知淑徳中学校や南山中学校女子部希望で、愛知中学校は試験慣れという学力上位の生徒なら考えなくてもいいのでしょうが、愛知中学校を第２希望にしているわが家にとっては、是非とも合格を勝ち取りたい学校です。この学校が合格なら第１希望の愛知淑徳中学校を受験できます。もし不合格なら第１希望校は諦めて第３希望校の椙山女学園中学校の受験になります。同一日の入試なので仕方がありません。安全策といえる入試パターンです。もちろん椙山女学園中学校もオープンスクールや文化祭に出かけており、気に入った学校であることは言うまでもありません。

愛知中学校の合格偏差値は51です。わが娘の平均偏差値は40・7。普通に考えたら受かりっこない数字です。同じくらいの学力を持つ女子生徒は愛知中学校と同一日入試の金城学院中学校を受験します。この偏差値で愛知中学校を受験する生徒は本当に少数でしょう。

合格の可能性を1％でも引き上げるために考えたのは、愛知中学校の前に1校受験をして慣れておくという作戦です。しかし愛知県内の中学校では入試はありません。三重県と岐阜県の入試を考えました。しかし躊躇しました。その理由は二つあります。一つが遠距離だということです。朝早く出かけて行って受験し、時間を掛けて帰ってくる。次の日を完全休養日に当ててしまえばいいのでしょうが、学習のリズムが狂わないか心配です。もう一つの理由が決定的なものでした。三重県も岐阜県も1月第1週の受験です。愛知中学校まで間が2週間空いてしまいます。これでは入試慣れでも間隔が空きすぎてはせっかくの受験感覚が薄れてしまうということです。結局この入試は諦めました。そこで次に浮上したのは県外中学校の名古屋会場入試です。富山県に片山学園中学校という学校があります。ちょうど愛知中学校の1週間前に入試があるので、これに決めました。入試会場も名古屋駅前にあるので入試の朝に送っていけるのも都合がよかったのです。わが家の受験パターンはこうして決定しました。

願書　１００円ショップの袋とスケジュール、付箋

出願校は６校、１校毎に書式が異なるので混ざらないように１００円ショップでファスナーの付いたビニール袋を出願校の数だけ買ってきて、それぞれに中学校名を書いて間違えないように注意しました。調査書が必要な学校が２校あるので小学校の担任の先生に頼まなければなりません。頼む時期は12月の個別懇談の時です。１月のいつまでにほしいか、記載についての注意事項などは付箋をつけて書いておきました。出願は郵送なのでスケジュール表を作成し、写真撮影日、願書作成日、投函日など中学校別に記載しました。もちろん大安や友引など日柄を選んで進めていきました。

生理が来た

天災は忘れたころにやってくるではないが、忘れていました、いや忘れたかったことが起こってしまいました。女子特有の問題、生理です。娘は小柄です。小学校の入

学時から整列する時は常に一番前。娘より小さい子を見つけるほうが難しかったほどです。しかし小柄と言っても小学校6年生の4月では１４０㎝を超えたので親の心構えはしておきました。今は生理用パンツもあり、準備しておけば大丈夫だと言い聞かせてきました。受験生の親としてはなるなら早くなってほしいし、ならないなら受験が終わるまでないでほしいと願っていました。しかし願いは叶わず受験月に初生理という事態になってしまいました。男には到底分からないが、お腹が痛くなったり頭痛がしたりするのでしょう。そこまでいかなくても集中力が低下する心配があります。ただでさえ偏差値40・7の上におっちょこちょいの性格です。これ以上、集中力が下がったらと思うと気が気ではありません。運よく入試初日の前に終わり、予定では最終入試までならないだろうということになりました。まるで隕石が地球に激突する寸前に回避していったような気分でした。

法則9　『最後の追い込みは計画通りに実行する』

小6の冬期講習と正月特訓

小6の冬期講習は最後の砦です。学力をつけるラストチャンスと皆が考えています。受験生の保護者はありったけの想いを子供に注ぎ込むと言っても過言ではありません。終業式から年末まで約1週間は教室で授業を行い、大みそかから1月2日まで正月特訓と言ってホテル合宿を行います。朝から夜まで受験勉強と言えば分かりやすいでしょう。ホテルは名古屋市内の駅から近いシティホテルが会場です。毎年希望者が多く、受け付け開始からほぼ1日で定員一杯になってしまう人気講座です。参加できるなら参加した方がいいのが原則です。夫が長男で実家のため、正月に親戚が集まるという家庭がありました。受験生が家にいて勉強しているのでは親戚も正月気分を味わえないだろうということで正月特訓に参加しました。子供が正月特訓に参加している間に残りの家族は旅行に行くという家庭もありました。事情はさまざまだが正月に親のストレスを避けるには正月特訓に参加した方がいいでしょう。

もちろんホテル合宿を希望しない生徒もいます。宿泊に慣れていない生徒や持病を抱えた生徒にはホテル合宿は適していません。一人で自分のことができない生徒は論外です。何時になったらこの薬を飲ませてほしいと要望してくる親もいましたが、自分でやれなければ合宿は厳しいでしょう。かつては閉所恐怖症なのでエレベーターに乗れないといってきた保護者がいましたが、階段を使うようお願いしました。喉が弱いので加湿器を持ち込みたいと言ってきた保護者もいましたがお断りしました。

　わが家はといえば、本当はホテル合宿に行かせたかったのですが、本人が相当嫌がったので諦めました。だから自宅でホテル合宿に相当するくらいの学習時間を確保することにしました。

　立てたスケジュールは次の通りです。

　12月31日〜1月３日の４日間で時間帯は７時〜９時、９時〜12時、14時〜17時、19時〜21時の10時間。

　内容は７時〜９時は算数のプリント演習。ここでは算数スペシャルプリントを行います。このプリントは算数の各単元が上手く配列されていて、きちんと復習できる内容になっている優れモノです。全24単元あるので１日６単元を２時間で解くことにしました。

　次に午前中の３時間では国語・算数・理科の過去問演習にあてました。午後の３時間は国語・算数・社会です。国語と算数を２回行うのは入試の配点の関係でそうしました。志望校は全て国語・算数は各１００点満点で理科・社会は各50点満点なのです。

1日10時間

12月31日午前7時、わが家の正月特訓がスタートしました。年末・年始の買い物は全て前日の30日に済ませておきました。まず算数プリントを6枚、1枚10分で解いて解答と間違い直しをしました。答えの他に解説も用意しておいたので、それを見て間違い部分を解説しました。6枚とも90％近く正解して、初日の算数練習はスムーズにスタートしました。15分休憩し9時ジャストから昨年の愛知淑徳中学校の算数・国語・理科を入試通りの時間で解きました。1科目やって答え合わせではなく、3科目一気に解いてから解答をしました。3科目連続して解くのは入試と同じです。終わった科目のことは忘れて次に引きずらないことを意識させました。11時15分に問題終了。10分休憩後に答え合わせとやり直しを行いました。これで午前の特訓が終了し、2時間の昼食タイムになりました。午後は昨年の愛知中学校の算数と国語、それと愛知淑徳中学校の社会を行いました。14時から始めて16時15分に問題終了。10分休憩後に答え合わせと解き直しを行いました。17時に午後の学習が終了しました。休憩し夕食を取った後、19時から昨年の愛知中学校の理科と社会を行いました。1時間後に答え合わせと間違い直しを行い、21時に1日10時間の学習が終了しました。

２日目、正月を迎えました。しかし受験生に正月はありません。合格した日が正月です。１日目と同じようにスケジュールをこなしました。２日目以降のスケジュールは次の通りです。

〈１月１日〉
７時～９時：算数プリントの演習と解き直し
９時～12時：昨年の椙山女学園中学校の算数・国語・理科の演習と解き直し
14時～17時：昨年の滝中学校の算数・国語と椙山女学園中学校の社会の演習と解き直し
19時～21時：昨年の滝中学校の理科・社会の演習と解き直し

〈１月２日〉
７時～９時：算数プリントの演習と解き直し
９時～12時：２年前の愛知淑徳中学校の算数・国語・理科の演習と解き直し
14時～17時：２年前の愛知中学校の算数・国語と愛知淑徳中学校の社会の演習と解き直し
19時～21時：２年前の愛知中学校の理科・社会の演習と解き直し

〈1月3日〉
7時～9時：算数プリントの演習と解き直し
9時～12時：2年前の相山女学園中学校の算数・国語・理科の演習と解き直し
14時～17時：2年前の滝中学校の算数・国語と相山女学園中学校の社会の演習と解き直し
19時～21時：2年前の滝中学校の理科・社会の演習と解き直し

こうして1日10時間の4日間に亘る、自宅正月特訓は終わりました。最初は半分も解けなかった入試問題も、最終日の滝中学校（合格偏差値60）の国語が80％できるようになったのが収穫でした。

風邪とプレ中学入試の欠席

自宅での正月特訓が終わった後は、冬期講習の残りが2日間あります。テストゼミ形式の問題演習の授業です。2日間の問題演習も順調に過ごしました。その先に総仕上げとしてプレ中学入試があります。自宅での正月特訓の成果を期待してプレ中学入試の当日を迎えました。

プレ中学入試の試験会場は冬期講習の教室です。市バスと地下鉄を乗り継いで教室に向かうはずでしたが、携帯に電話がありました。娘は地下鉄の車両の中で気分が悪くなり、途中の駅で降りてトイレに行こうとして戻してしまったらしいのです。母親が急遽、駅に迎えに行くことになりプレ中学入試は欠席となりました。特訓の成果を確かめるチャンスはこうやって消えてしまいました。

法則10　『やってきたことと子供を信じる』

信じること

信じるとは途中で屈することなく、真っ直ぐに進むということです。しかし人は弱気になったり、不安になったりします。そんな時はこの言葉を思い出して勇気に変えていきました。

ハーバード大学図書館　20の教訓

1. 今居眠りすれば、あなたは夢をみる。今学習すれば、あなたは夢が叶う。
2. あなたが無駄にした今日は、どれだけの人が願っても叶わなかった未来だ。
3. 物事に取りかかるべき一番早い時は、あなたが遅かったと感じた瞬間だ。
4. 今日やる方が、明日やるよりも何倍もよい。
5. 勉強の苦しさは一瞬のものだが、勉強しなかった苦しみは一生続く。
6. 勉強するのに足りないのは時間ではない、努力だ。
7. 幸福に順位はないが、成功には順位がある。

8. 学習は人生の全てではないが、人生の一部として続くものだ。
9. 苦しみが避けられないのであれば、むしろそれを楽しめ。
10. 人より早く起き、人より努力して、初めて成功の味を真に噛みしめる事ができる。
11. 怠惰な人が成功する事は決してない。真に成功を収める者は徹底した自己管理と忍耐力を鍛えた者だ。
12. 時間は一瞬で過ぎていく。
13. 今の涎は将来の涙となる。
14. 犬のように学び、紳士のように遊べ。
15. 今日歩くのを止めれば、明日からは走るしかない。
16. 一番現実的な人は、自分の未来に投資する。
17. 教育の優劣が収入の優劣。
18. 過ぎ去った今日は二度と帰ってこない。
19. 今この瞬間も相手は読書をして力を身につけている。
20. 苦しんでこそはじめて進める。

後に落書きだったと判明したようですが、それにしても人を唸らせる内容です。

中国竹

子供の今をどう見るか、ある植物の習性を例に取ってみます。

その植物というのは竹です。竹の中でも中国竹という種類は変わった成長をするのです。芽吹いてから1年目、中国竹はわずか4ミリしか伸びない。2年目も4ミリ、3年目も4ミリしか伸びない。そろそろ4年目こそはと思っても4ミリしか伸びない。こんなにダラダラと成長するのだから困ったものです。

しかし5年目になると中国竹は一気に25メートルまでグーンと伸びるのです。ビルの6階に届く高さです。一度にそれだけ伸びる能力を中国竹は持っているのです。

では初めの4年間は一体何だったのでしょう。なぜ伸びないのか。大人になりたくないという社会への反抗でしょうか。自分は竹に生まれたくなかったのに、このまま竹として一生を送っていいものかと自問自答しているのでしょうか。

そうではないのです。4年間かけてしっかりと大地に根を張っているのです。25メートルに伸びても簡単に折れることのないよう、強く根を張ってから伸びるのです。

この竹の成長は子供の成長にも通じる所があるのではないでしょうか。なかなか成績が伸びない子は誰も見ていないところで人一倍努力をし、悩んでいるのかも知れません。誰にも言えない悩みを抱えつつ、将来の飛躍のために少しずつ根を張っているのかも知れません。その子供に対して「なかなか成績が上がらないのはやる気がないからだ」とか「勉強の仕方が悪い」とか決めつけていないでしょうか。焦っていろいろなことをさせて子供の負担を増やしていないでしょうか。なぜ伸びないかはしっかりとアンテナを張って観察し、長い目で成長を見守る努力をすべきです。

受験スタート

出願は全部で6中学校。娘の第1希望は愛知淑徳中学校です。第1希望の中学校を受けるためには1月22日に行われる愛知中学校に合格することが条件です。愛知中学校に合格すれば愛知淑徳中学校を受けますが、不合格ならば椙山女学園中学校を受けます。娘の希望を叶えさせるには愛知中学校に絶対に合格しなければなりません。しかし愛知中学校は愛知県で最初の入試です。そのために1週間前に入試のある片山学園中学校を受験することにしました。富山県の中学校だが名古屋会場入試がありま す。必要書類も願書のみだったので受験しやすく、本番の入試慣れには絶好の入試でした。

片山学園中学校

1月16日（日）片山学園中学校の入試を受けました。当日は朝6時に起床しました。入試開始の3時間前に起きることで脳の働きがちょうど入試時刻に活発になるように合わせました。入試会場は名古屋駅前のホールでした。ちょうど車で送っていける時間だったので、一緒に家を出ました。本当の入試なので娘もさすがに言葉数も少なく、後部座席で何故かしら目をつぶっていました。会場までの30分の間は「忘れ物はないか」とか、「落ち着いてやれ」とか、当たり前のことしか話をすることができませんでした。

2日後、郵送で結果が送られてきました。結果は合格。最高のスタートが切れました。受かっても入学することのない中学校でしたが、やはり合格は嬉しいものです。娘もほっとした表情を浮かべていました。

愛知中学校

1月22日（土）愛知中学校の入試の日が来ました。第1希望の中学校を受けることができるかどうかの分水嶺となる学校です。合格偏差値は51、娘の平均偏差値は40・7、普通に考えたら合格はほとんどあり得ない。しかしこの日のために様々な練習を行ってきました。落ち着いて全力が出せるかどうかが合否のポイントです。前週に片山学園中学校の入試を経験しているので、前夜は早く寝ることができました。起きてから家を出るまでの行動も一度経験しているのでスムーズに行えました。

この日は入試応援の担当だったため、自分だけ早くに家を出ました。入試の2時間近く前に中学校に着いて校門で受験生を待つためです。毎年受験生を待ってこれから入試に向かう受験生を数多く見送ってきましたが、今年は自分も受験生の親です。待っていても落ち着かない。やがて受験生がやってきました。自分の教室の受験生がきて激励します。しかし娘が来るまでは何かそわそわしていました。集合時間の1時間くらい前に娘が母親と一緒にやってきました。やはり緊張している様子が分かります。親子で話すのが照れくさいというより、これから真剣勝負に向かうまでにどうやって落ち着こうかと当惑しているようでした。とにかく落ち着いて問題を解くことを伝えると、やや落ち着いた表情を浮かべました。そして「頑張ってくる」と言って受験会場へと消えていきました。

名女大中学校とインフルエンザ

1月23日（日）名古屋女子大中学校の入試です。愛知中学校が不合格でも、この中学校で合格を勝ち取って、自信を持って次の中学校の入試に向かわせる予定でした。しかし入試を終えて自宅に戻った娘の様子がおかしい。体がだるいと言いだしました。熱を計ると37・5度あるので、この日は勉強はやめて安静にし、次の日病院に連れて行きました。診断結果は、インフルエンザでした。

愛知淑徳中学校

愛知中学校に奇跡の合格を果たした娘は、1月30日（日）に愛知淑徳中学校を受験することに決めました。しかし月曜日にインフルエンザの診断結果を受けて3日間は自宅安静しなければなりませんでした。外に出ることは早くても木曜日です。念のために木曜日まで小学校を休み、金曜日に小学校へ行き、夕方から教室の自習室へ行くことにしました。身体を受験用に戻さなければならないからです。土曜日は教室の授業を4科目受けて、家に帰りました。そして次の日の愛知淑徳中学校の入試に備えました。

この日も私は仕事のため母娘で入試に向かいました。地下鉄を降りて中学校まで5分の道を歩きます。1000名以上の受験生が集まる人気校です。地下鉄から多くの受験生とその保護者が一斉に同じ方向へと歩き出す、まさに受験という風景です。仕事中も落ち着いてやれたかどうか、ずっと気になっていました。

2日後、結果が来ました。残念でした。身体が万全でも合格は厳しい上に、インフルエンザによる直前の学習に空白ができてしまいました。結果は当然とも思えました。

滝中学校

2月6日（日）最後の入試が始まりました。もともと親が希望して目指した学校です。本人は雲の上の学校という感覚だったでしょう。母親ももし間違って受かって入学しても勉強についていけないのではと心配していました。しかも愛知中学校に合格したため、受験のテンションは正直ほとんどなくなっていました。気持ちが、入試が終わったら近くにある祖父母の家に遊びに行けるという楽しみに変わっていました。

2日後、結果が来ました。やはり不合格でした。あのテンションで合格することはないだろうと思っていたのでショックはありませんでした。

入試が始まる前は、第1希望であった行きたい中学校への想いを馳せていましたが、入試期間に突入すると、合格するのは縁のある中学校になるのだろうと思い始めました。最後には私立中学校が入学してほしい生徒を決めるのです。縁がある中学校に落ち着くのです。そう考えると、娘は愛知淑徳中学校には縁がなかったのです。女子校より共学校の方がいいのだと導かれたのでしょう。

わが家の受験はこうして終わりました。思い返せば小3からの4年間はあっという間でした。何度も期待をし、その度に裏切られたり肩透かしを食らったりしました。親も随分忍耐強くなったものだと思います。今、真新しい制服に腕を通し、来たる入学式に想いを馳せる娘を見ていると、つくづく受験して良かった、合格して良かったと思われます。娘も問題が解けずイライラしたり、成績が上がらず苦悩した時期もあったでしょう。親の一方的な想いから始めた受験でしたが、合格させたいという気持ちは一度もブレることなく4年間貫き通しました。娘には無理なのか、親のわがままを押し付けているだけではないかなど、迷うこともありましたが、子を思う親の信念で受験の荒波を乗り越えてきたような気がします。

合格は娘の頑張りが一番の要因です。この年の愛知中学校の合格最低点は181点でした。私の設定した180点では合格できなかったのです。プラスアルファは娘が勝ちとった点数です。親孝行なことに、愛知中学校の入試日は私の誕生日でもありました。

最後に

城造りの名人、藤堂高虎の十の名言

藤堂高虎は、織田・豊臣・徳川の三家全てに仕えた大名です。築城技術に長け、宇和島城・今治城・津城・伊賀上野城などを築城し、また江戸城改築の際にも功を挙げた武将です。また六尺二寸の大男だったとも言われています。

徳川家康は高虎の才と忠義を高く評価し、外様大名でありながら譜代大名格として重用したそうです。「国に大事があるときは、高虎を一番手とせよ」と述べたとも言われています。なぜ高虎は主君を何度替えても信頼されたのでしょうか。その手掛りを彼の２０４箇条もの家訓から探り、その中から受験生とその保護者にとって得られるものを10箇条考えて選び、次の通りまとめました。

1．大事は小事と心得よ。

大事の時はみんなが大変だと言い、大勢が集まって議論します。だからきちんと解決するし、焦ることはないというものです。子供が今までにないような悪い点数を取った場合、そのことを一番身に染みているのは子供自身です。こんなときはわざわざ傷口に塩を塗るのは逆効果です。懐深く今後を見守る方が効果がある、と高虎は言っているように思われます。

2. 小事は大事と心得よ。

小事となるとみんなは大したことではないと軽視し、タカをくってしまいます知恵を出し合わないために思わぬ大事を引き起こします。油断のなせる業だということです。子供がテストで些細なケアレスミスをしたとして、それを子供が大したことではないと考えているのであれば、決してそのままにせず、強く言い聞かせなければなりません。入試ではミスの数の違いだけで合否が分かれるのです。

3. 寝屋を出るより、その日を最期の日と心得よ。

受験生は今、この瞬間は二度とないと思って大切にしなければなりません。今日のこの日を大切に学習に努めるべきです。

4. 誰より早く城に入り、誰よりも遅く城を出よ。

高虎はなぜ将軍家から大切にされるのかと聞かれた時の返答です。律義によく働いたということです。受験生は努力が第一、継続は力なりということです。

5. わが軍の至らぬところを教えて下され。
関ヶ原の戦いの後、捕えられた石田三成に対しての言葉です。他の武将のように罵詈雑言を浴びせたりせず、真摯な態度で話したそうです。敵からでも助言をもらって今後に役立てたいという思いでしょう。受験生には謙虚な態度を忘れてはならない、そして臆せず質問をしなさい、ということでしょう。

6. 禄だけでは心服できない。人には情けをかけよ。
保護者が子供に対して、「誰のおかげでここまでこれたと思っているんだ」と言ったとして、それを言っても残るのは反感だけでしょう。子供は保護者の背中を見て成長していくものです。保護者のおかげだということは、言わなくても十分に分かっているに違いないのです。

7. 己の立場を明確にできない者こそ、いざというときに頼りにならない。
豊臣秀吉の死後、豊臣恩顧の大名でありながら徳川家康にいち早く接近した時の高虎の言葉です。多少の矛盾があっても保護者が子供に受験に向かわせることや保護者の信念を子供に伝えるべきだということ。そして子供に対して志望校はどこか、将来どのような道に進みたいのか明確にするべきだということでしょう。

8．人の善悪は友によって決まるものと心得よ。
よい友は一生の財産であり、また他人のよい所を学び、よくないことは真似ないようにするべきだと言っています。

9．主の第一の用務は家臣の器量を見抜き、適材適所につけよ。
自分の子供は何が得意か、何に向いているのかを知り、さらにはどの学校に進めば最もよいかを一緒に考えることが保護者の務めです。

10．一番の大敵はまず上が下を疑うことと心得よ。
上の者と下の者が互いに疑うようになれば心が離れてしまい、疑心暗鬼が一番の敵、家全体が乱れるということです。やはり、保護者は子供を信じることがまず第一でしょう。子供がごまかさないとは言えないので、そこは自分が何をするべきか、自分自身のためにどう学習するべきかを考えさせ、自分で答えを見つけさせることが大切なのです。

最後に高虎は家臣に対し、このような言葉も言い放っているようです。

「自分の妻を大切にしないような男は信用できぬ」

私立中学校の合格への道のりは1本ではありません。頂上に向かう登山道が何本もあるように受験勉強の方法は受験生の数だけ存在します。上の子で受験を経験していても弟や妹には同じ方法が通用しないことの方が多いのです。だからこそ重要なことは基本を押さえることです。この10の法則が受験生とその保護者にとって合格への土台となることを願い、輝く笑顔が溢れる日を迎えることをお祈りします。

著者プロフィール

神宮寺　一礼（じんぐうじ　かずのり）

中学受験予備校教師。

愛知県生まれ。名古屋市の中学受験予備校に入社し、35年以上の指導経験を持つ。

東海地方の難関・有名中学校に多数の合格者を出すと共に開成中学校や同志社中学校、ラ・サール中学校など全国の難関・有名中学校への合格者も輩出する、中学受験のプロフェッショナル。

今回わが子が中学受験をするにあたり、指導者としての立場だけでなく、受験生およびその保護者としての視点からも捉えた、中学受験を考える保護者への必読書として6年間もの歳月をかけて書き上げた一冊である。

わが子を私立中学校に合格させる10の法則
受験進学塾の現役教師が書いた合格術

2022年1月27日　初版第1刷発行

著　者　神宮寺 一礼
発行者　瓜谷 綱延
発行所　株式会社文芸社
〒160-0022　東京都新宿区新宿1－10－1
電話　03-5369-3060（代表）
03-5369-2299（販売）

印刷所　株式会社暁印刷

ISBN978-4-286-23193-8